LACANDONIA AL FILO DEL AGUA

XOCHITL LEYVA SOLANO/GABRIEL ASCENCIO FRANCO

LACANDONIA AL FILO DEL AGUA

CENTRO DE INVESTIGACIONES Y ESTUDIOS SUPERIORES
EN ANTROPOLOGÍA SOCIAL

UNIVERSIDAD NACIONAL AUTÓNOMA DE MÉXICO/
CENTRO DE INVESTIGACIONES HUMANÍSTICAS
DE MESOAMÉRICA Y EL ESTADO DE CHIAPAS

GOBIERNO DEL ESTADO DE CHIAPAS/
UNIVERSIDAD DE CIENCIAS Y ARTES DEL ESTADO DE CHIAPAS

FONDO DE CULTURA ECONÓMICA
MÉXICO

Primera edición, 1996

D. R. © 1996, Centro de Investigaciones y Estudios Superiores
en Antropología Social
Hidalgo y Matamoros, Tlalpan; 14000 México, D. F.

D. R. © 1996, Centro de Investigaciones Humanísticas de Mesoamérica
y el Estado de Chiapas
Calle 28 de Agosto, 11; San Cristóbal de Las Casas, Chiapas

D. R. © 1996, Universidad de Ciencias y Artes del Estado de Chiapas
1ª Av. Sur Pte., 1460; Tuxtla Gutiérrez, Chiapas

D. R. © 1996, Fondo de Cultura Económica
Carretera Picacho-Ajusco, 227; 14200 México, D. F.

ISBN 968-16-4819-6

Impreso en México

A los campesinos indígenas de Las Cañadas,
quienes han buscado de mil formas su "liberación"

PRESENTACIÓN

La selva lacandona era hasta el 1º de enero de 1994 una región relativamente poco conocida dentro y fuera del país. Esta situación no ha cambiado de manera sustancial, a pesar de los centenares de artículos publicados en periódicos y revistas a raíz del estallido armado. Son muchos los que opinan sobre la rebelión zapatista, pero pocos los que han puesto pie en las tierras que vieron nacer y crecer el movimiento insurgente. Aún más contados son los que se tomaron el tiempo y la molestia para visitar las colonias perdidas en las montañas y cañadas del oriente de Chiapas. Y se pueden contar con los dedos de la mano los que hicieron ese recorrido con la mirada del científico social que aprendió a observar primero e interpretar después.

Xochitl Leyva y Gabriel Ascencio pertenecen a ese grupo privilegiado de personas capaces de escribir sobre la Lacandona y sus habitantes desde el conocimiento íntimo que sólo un trabajo de campo prolongado puede proporcionar. Los textos aquí reunidos fueron publicados en Chiapas durante los últimos cinco años, y son el resultado provisional de una larga investigación que aún no termina. Sin duda, sus autores nos sorprenderán un día con el producto acabado de sus esfuerzos. Mientras, nos ofrecen ya varios acercamientos originales a un fenómeno social que la rebelión zapatista puso de manera inesperada en el centro de la preocupación nacional: el proceso de colonización reciente que transformó el despoblado lacandón en una región habitada por más de 200 000 personas, de las cuales muchas viven en condiciones de marginación extrema.

Durante el último medio siglo, la población indígena de Chiapas ha sido objeto de tantos estudios antropológicos que los resultados llenan fácilmente uno de los libreros de mi biblioteca personal. Salvo muy pocas excepciones, estos trabajos se refieren a las comunidades tradicionales que surgieron, a partir del siglo XVI, en las cinco provincias coloniales que durante tres siglos conformaron la alcaldía mayor de Chiapas: los Zoques, los Tzendales, los Altos, los Llanos y el Lacandón. En muchos de ellos la tensión se concentra en el complejo sistema de instituciones sociopolíticas y costumbres culturales que los antiguos pueblos indios siguen manteniendo, no sin adaptarlas continuamente a los cambios producidos tanto internamente como en el exterior.

Contados han sido los antropólogos que se interesaron en las colonias que a partir de los años cuarenta y cincuenta nacieron en la Lacandonia a través del proceso de poblamiento de las tierras proclamadas como nacionales por el gobierno federal. No deja de sorprender que, al mismo tiempo que pueblos como Chamula, Zinacantán, Amatenango, Cancuc o Bachajón se convirtieron en la Meca de los estudiosos, los indios que abandonaron las fincas vecinas para hacer nueva vida en Las Cañadas y mesetas selváticas pasaran casi inadvertidos.

Fue, sin embargo, aquel gradual avance de la frontera agrícola y ganadera sobre los espacios vacíos de la Lacandonia el que dio origen a un tipo de indígena que ya no responde a los esquemas acostumbrados. El sujeto histórico de esta nueva experiencia es un campesino pionero que sigue hablando su lengua nativa, pero para quien la comunidad de procedencia ya no representa la única referencia sociocultural válida, y la finca que abandonó se reduce a una pesadilla que dejó atrás para siempre. En las colonias recientes el templo católico ya no ocupa un lugar tan dominante ni el santo patrono ejerce poder tan exclusivo. Ya son muchos los ejidos en donde la gente ha aprendido a convivir a pesar de la gran variedad de idiomas y creencias que podrían dividirla.

Este nuevo indígena es también una persona que alcanzó, a pasos acelerados, la madurez política debido a la escuela que significó para él la lucha por la tenencia de la tierra prometida, por la comercialización de sus productos, por la introducción de vías de comunicación, por la más elemental atención médica, educativa y técnica. El enfrentamiento fue con la burocracia estatal y municipal, a menudo corrupta y casi siempre inepta, o con la oligarquía terrateniente local, incapaz de compartir espacios de poder socioeconómico, que sigue considerando como monopolio suyo. Fue esta experiencia la que llevó a los colonos a concientizarse más y a organizarse mejor. En este aprendizaje pudieron contar con el apoyo de dos grupos venidos de fuera, ambos dispuestos a ayudarlos, aunque por motivos muy distintos: los agentes de una renovada pastoral promovida por la diócesis de San Cristóbal y los asesores miembros de varias organizaciones de izquierda nacidas del movimiento del 68.

Los que conocemos de cerca ese complejo proceso sabemos cuán difícil es entenderlo e interpretarlo cabalmente. La selva lacandona ha sido colonizada en diferentes momentos, de diferentes maneras, por diferentes grupos, con diferentes resultados. No es, en absoluto, un universo homogéneo. Al contrario, forma un mosaico natural y humano de composición sumamente diversificada. Xochitl Leyva y Gabriel Ascencio tienen el gran mérito de respetar esta complejidad, porque son de los pocos que conocen el medio. Se les agradece la decisión de comunicarnos ese valioso conocimiento aun sabiendo que todavía quedan muchos puntos por aclarar. Lo que aquí nos presentan resulta un bienvenido remanso en medio del raudal de opiniones aceleradas con las cuales los periódicos defeños nos inundaron a partir del 1º de enero de 1994.

JAN DE VOS

Noviembre de 1994

AGRADECIMIENTOS

La guerra zapatista que sacudió al país en enero de 1994 exige explicaciones. En *Lacandonia al filo del agua* pretendemos contribuir a la construcción de preguntas y respuestas a la conflictiva situación política de Chiapas y México. Es un libro que presenta parte de los resultados de cuatro años de convivencia con la gente de Las Cañadas. El material que le da vida es producto de nuestra participación en la dinámica cotidiana de los campesinos indígenas de la zona. Con ellos caminamos y sobrevolamos la región, asistimos a sus asambleas y fiestas, gozamos largas pláticas, habitamos sus casas y recibimos la generosidad de sus alimentos.

Poco a poco sistematizamos algunas de esas experiencias. Conforme nos surgieron preguntas fuimos dándoles respuesta en los textos que ahora reunimos en el presente volumen. Por ello, dada la forma como fueron escritos, pueden ser leídos en cualquier orden. La secuencia sugerida por el índice transita de una visión global de la selva lacandona a la particular de la subregión Las Cañadas. Cada artículo aporta elementos para entender la historia de los habitantes de la selva. Los actores en cada capítulo son los mismos (campesinos indígenas colonos) vistos desde diferentes ángulos: el económico, el demográfico, el cultural, el político. Así, hasta llegar al 1º de enero de 1994, momento en que irrumpe el movimiento autodenominado Ejército Zapatista de Liberación Nacional (EZLN).

Los textos, a excepción del último, fueron escritos "al filo del agua", justamente entre 1990 y 1993, cuando era inminente el estallido del movimiento armado. Luego vino "La tormenta de enero", reflexión al calor de los primeros sucesos de 1994. Tanto este último artículo como los otros aparecieron en los *Anuarios del Instituto Chiapaneco de Cultura* (ICHC), en la revista *Ojarasca* y en la revista *Espiral. Estudios sobre Estado y Sociedad* (Universidad de Guadalajara), a cuyos editores agradecemos la autorización para publicarlos como libro.

13

Sin duda, a muchas personas les debemos su apoyo y confianza. En primer lugar queremos mencionar a los tzeltaleros y choleros que nos recibieron en sus casas y comunidades, quienes compartieron con nosotros su mesa, sus caminos y sus preocupaciones. Agradecemos a don Aurelio y doña Anita, a Zaragoza y doña Amparo, a don Pancho y doña María, a don Graciano y Anastasio, a don Victorio y don Humberto, a don Carlos y doña Catalina, a don Maco y doña María, a Nico y María, a don Fernando y doña Mariana; así como a Santiago, Porfirio, Hilario, Milo, Ausencio, Tono y Lázaro. Al mismo tiempo, damos las gracias a las comunidades de El Guanal y Betania por las aventuras que compartimos durante la elaboración del video acerca de la fiesta patronal y el libro sobre la historia comunal.

En nuestra consideración ocupan un lugar especial los miembros del equipo pastoral de la parroquia Ocosingo-Altamirano. El padre Pablo Iribarren fue siempre un dispuesto conversador y excelente anfitrión. De su biblioteca y vivencia personal aprendimos mucho. Los sacerdotes Jorge Trejo y Jorge Rafael, la madre Olguita y las laicas Reyna Coello y Mónica Pacheco siempre nos brindaron su apoyo y amistad.

En 1990 trabajamos en aquel ambicioso proyecto llamado "Programa de Desarrollo Integral". Entonces creímos, junto con muchos campesinos, posible el mejoramiento del nivel de vida de los habitantes de Las Cañadas. En ello pusimos nuestro mejor empeño. Fue entonces cuando conocimos a los ingenieros René y Conrado, a la profesora Marta y a la socióloga Carmen. En particular agradecemos al ingeniero René Gómez Orantes el haber compartido con nosotros, libre y desinteresadamente, su conocimiento acumulado a lo largo de los años.

Ya desde antes y durante los cuatro años siguientes mantuvimos una estrecha y fructífera comunicación con nuestro buen amigo José Juárez. Su crítica profunda siempre nos condujo a la búsqueda de mejores explicaciones. Maximino Hernández, por su parte, nos mostró cómo hacer frente a los imponderables de la selva.

La vivencia en tierra chiapaneca ha sido intensa, como una vorágine. Los recorridos por la selva al lado del escritor Jesús Morales Bermúdez, así como su palabra y su obra, fueron fuente de inspiración. Mucho disfrutamos su amistad y muchos son los frutos plasmados en este libro resultado del intercambio académico establecido, además de con él, con los historiadores Jan de Vos y Juan Pedro Viqueira, así como con la antropóloga Graciela Alcalá. Todos ellos colegas y especialistas de primera talla en cuestiones chiapanecas. Al doctor De Vos agradecemos en particular las horas dedicadas a la crítica de la versión final de esta antología.

El apoyo económico del Centro de Investigaciones y Estudios Superiores en Antropología Social y del Instituto Chiapaneco de Cultura (Departamento de Patrimonio Cultural e Investigación) hizo posible recorridos de campo, estancias en la selva, consulta de bibliotecas y adquisición de diversos materiales. Por ello manifestamos nuestra gratitud a la calidez humana y apoyo irrestricto que nos brindaron sus directores, la doctora Teresa Rojas Rabiela y el doctor Andrés Fábregas Puig, respectivamente.

Asimismo, damos gracias al personal técnico que colaboró en las diferentes fases del trabajo: Raúl, Gloria, Sari, Lupita, Olga Lidia, Alcides y don Carlos Mota. A su vez, cabe señalar que mucho nos sirvieron los documentos que más de una ocasión nos hizo llegar el experimentado historiador Andrés Aubry y los comentarios críticos de los colegas de la unidad sureste: doctores Rosalba Aída Hernández y Ronald Nigh.

Pero fue, finalmente, la acción decidida de cuatro directores quienes hicieron posible que el lector conociera nuestras primigenias cavilaciones sobre la Lacandona. Mil gracias a la doctora Rojas, al doctor Fábregas, al doctor Pablo González-Casanova Henríquez (director del CIHMECH/UNAM) y al licenciado Miguel de la Madrid (director del Fondo de Cultura Económica).

Nairobi, Kenia, África,
estación de lluvias cortas, 1994

INTRODUCCIÓN

Antes de 1994 existía una percepción corriente acerca de la selva lacandona; fuera de Chiapas se pensaba en ella como una jungla inexpugnable, poblada de fieras salvajes y lacandones primitivos. Sin embargo, desde la década pasada los científicos sociales enfatizaron la condición de frontera agrícola en expansión que se vivía en la región e iniciaron el estudio del poblamiento y avance de las actividades agrícolas y ganaderas sobre el espacio selvático de la olvidada frontera sur (mapas 1, 2, 3 y 4).

Los estudios del acucioso investigador Jan de Vos (1988*a* y 1988*b*) mostraron que la selva lacandona es un todo conformado históricamente cuyos límites han ido cambiando a lo largo del tiempo. Este mismo autor destaca el fin de una etapa con la retirada de los madereros tabasqueños en 1949 y la necesidad de conocer más la realidad social que se gestó en las últimas cuatro décadas.

Otros plantearon el estudio de la selva como un espacio natural o ecosistema caracterizado por una particular vegetación arbórea, precipitación pluvial anual y condiciones edafológicas y geomórficas dadas. Müllerried (1982) demostró la existencia de una marcada heterogeneidad altitudinal, climática y de relieve.

Desde una perspectiva interdisciplinaria, se le definió como una frontera agrícola convertida en refugio de colonizadores. A partir de la noción de "sistema de producción agrícola", se enfatizó el análisis de la economía campesina regional como un fenómeno socionatural en donde concurrían tanto los factores naturales como el trabajo de un grupo de hombres socialmente integrados (Muench, 1982: 36). Esta noción presentó a la región como una zona de economía campesina de autoconsumo, con una producción mercantil complementaria basada en el cultivo de chile y café, cría de cerdos y becerros, recolección de chicle y palma, y explotación forestal. Es decir, se le vio como una unidad socio-

17

natural diferenciada de otras regiones por "las condiciones del sustrato natural para la producción, las características tecnológicas del manejo de los recursos, el objetivo y destino de la producción y el tipo de relaciones sociales y económicas que se establecían para el desarrollo de la producción" (Muench, 1986).

Estudios como los referidos permiten hablar de la Lacandonia como unidad socionatural con diversidad productiva ligada a los procesos sociales de colonización y utilización de los recursos naturales. Sin embargo, la investigación social realizada a partir de los años setenta ofrece un panorama de mayor complejidad al detenerse en el análisis social, étnico, político y económico.

Las investigaciones de Lobato (1977, 1979, 1980, 1984), Martínez Lavin (s/f) y Preciado Llamas (1976, 1977, 1978) estudian los aspectos generales que motivaron la colonización de la selva e hicieron de ella una frontera agrícola en expansión. Otros estudios penetran en la vida comunal (local) y afirman la necesidad de considerar una dimensión intermedia o mesosocial inscrita a su vez en el marco global de la frontera sur (Pohlenz, 1985). Es evidente, incluso, que en los estudios de comunidad existe la preocupación por delimitar diferentes áreas, zonas o regiones históricamente conformadas en el interior del todo social llamado selva lacandona. Así, poco a poco, se han descrito y analizado las zonas de Las Margaritas y Marqués de Comillas (mapa 4).

De la primera zona hay estudios de comunidad hechos por Calvo, Garza, Paz y Ruiz (1989), Garza y Paz (1986), Instituto Nacional Indigenista (1960), Martínez Lavin (s/f), Pohlenz (1976) y Preciado Llamas (1976). Desde una perspectiva más regional, existen los estudios de Pohlenz (1985), quien analiza la formación de la frontera México-Guatemala y la interacción social entre los habitantes de la región interfronteriza. También en esa zona, Hernández Castillo (1989) realiza un análisis comparativo del cambio social en la organización y en la tradición cultural a raíz de la presencia de sectas religiosas. Para ello parte de la historia local y regional en la franja fronteriza de Las Margaritas. Tales estudios muestran la génesis de algunos aspectos que dan particularidad a Las Cañadas de Las Margaritas (mapa 4).

Respecto a la zona Marqués de Comillas, González Ponciano (1991) remite al proceso histórico de conformación regional y muestra la diversidad social, ecológica y cultural. Otras zonas de la selva han sido menos analizadas, tal es el caso de Las Cañadas de Ocosingo. Existen algunos estudios de comunidad (Martínez Cerecedo, 1973; Preciado Llamas, 1977, y López Daza, 1974), además del esfuerzo sintético de Márquez (1988), quien, preocupado por la perspectiva de desarrollo social regional, describe y analiza las organización campesina y los procesos de producción agrícola de lo que él llama "la subregión Las Cañadas".

Los estudios aquí evocados no agotan la producción sobre la selva lacandona, pero muestran la variedad de temas tratados y de disciplinas participantes en la generación de conocimiento. Agronomía, historia y antropología en cuanto a las disciplinas. En cuanto a los temas, se ha abordado tanto el cambio sociocultural como el religioso, la relación entre economía y vida social, así como la colonización y conformación de la identidad en la frontera sur.

Tal gama temática muestra lo complejo de la realidad. Pohlenz (1985: 72) apuntaba hace 10 años que en la Lacandona "el poblamiento tardío y la concurrencia de diferentes culturas, diferentes lenguas, distintas experiencias según los lugares de origen... ha[bían] generado... una dinámica sociocultural muy interesante. [En la zona] se emp[ezaba] a perfilar una forma pluricultural, unificada y a la vez diversificada..."

La complejidad social a la que aludimos tiene que ver directamente con el desarrollo actual de las relaciones capitalistas en el área. Los procesos económicos, políticos e ideológicos contemporáneos rompen la idea de una selva lacandona encerrada en sí misma, autocontenida o con límites definidos en función del espacio natural. Las relaciones comerciales conducen a Holanda o a los Estados Unidos, lugares a donde se exporta el café producido en la Lacandona; conducen a los mercados urbanos del centro del país, donde se consume la carne de becerros criados en pastos lacandones y después engordados en potreros de Tabasco y Veracruz. La realidad cultural nos lleva a centros religiosos de protestantes localizados en los Estados Unidos donde los indígenas pobladores de la selva toman cursos. Por lo anterior, afirmamos que la Lacandona de hoy debe ser concebida como una *unidad socionatural* heterogénea, con límites laxos y cambiantes a lo largo del tiempo, abierta al mundo y con particularidades propias.

Encontramos una constante en los estudios revisados: persiste la necesidad, a veces tácita, a veces explícita, de identificar niveles de análisis que den cuenta de las formas en que se inserta lo local en un todo más amplio: regional y nacional. Por ello algunos investigadores hablan indistintamente de "regiones", "subregiones", "zonas" o "áreas".

A nuestro parecer, el concepto de "región" es una herramienta heurística a la que el investigador puede recurrir para auxiliarse y desentrañar la realidad que estudia. En ese sentido hablamos de una macrorregión lacandona con sub y microrregiones. Quizá nuestra percepción sobre la Lacandona varíe respecto a la de otros investigadores. Esto no debe parecer extraño si entendemos que nuestro interés particular está puesto en el proceso de colonización campesina y en la organización económica y sociopolítica de la Lacandona. De esa forma resulta fundamental entender la dinámica dada a principios de siglo en las fincas que rodeaban el entonces llamado Desierto del Lacandón, área central de explotación forestal. Bajo esa lógica podemos hablar del "ciclo de colonización", el cual se inicia en la finca misma y tiene su manifestación más explosiva en el hoy conocido Ejército Zapatista de Liberación Nacional (EZLN).

Subregión Las Cañadas

A partir de lo que la gente percibe, así como del origen de los colonizadores, la época de su migración, su organización sociopolítica y la atención brindada por el Estado a la zona, puede afirmarse la coexistencia de *subregiones* en el interior del *todo socionatural* llamado Lacandona. Hoy en día, después de la irrupción zapatista del 1º de enero de 1994, casi todos dan por hecho que Las Cañadas son parte de la selva y que poseen una identidad particular; años atrás sólo los locales usaban tal denominación para diferenciarse, por ejemplo, de los habitantes de la Comunidad Lacandona o de Marqués de Comillas.

En esta ocasión vale la pena aclarar que cuando nos referimos a Las Cañadas incluimos áreas específicas de los municipios de Ocosingo, Altamirano y Las Margaritas. Siendo rigurosos, sin embargo, se pueden distinguir dos subregiones: Las Cañadas Ocosingo-Altamirano y Las Cañadas de Las Margaritas (mapas 4 y 5). Ambas comparten una misma historia de colonización, pero mientras que en la primera predominan tzeltales y choles, en la segunda son mayoritarios los hablantes de tojolabal. Si en la primera la presencia de dominicos y jesuitas es evidente, en la segunda abundan los sacerdotes diocesanos y los maristas. Además, en esta última zona las iglesias evangélicas se han difundido con mayor éxito. A pesar de esas diferencias, a mediados de los años setenta ambas cañadas fueron parte medular de la organización llamada, más tarde, Unión de Uniones.

Los estudios historiográficos de Jan de Vos muestran la importancia de la inmigración campesina a la selva lacandona a partir de los años sesenta del presente siglo (1988*a*, 1988*b* y 1988*c*). Así fue sobre todo en la subregión norte, área controlada por el Estado una vez retiradas las compañías madereras tabasqueñas y extranjeras. Sin embargo, la historia oral recogida en nuestro trabajo de campo permite afirmar la existencia de un frente de colonización más temprano. Peones de fincas localizadas alrededor de Ocosingo, Altamirano, Comitán y Las Margaritas caminaron selva adentro desde finales de los treinta; avanzaron poco a poco hasta llegar al corazón de lo conocido en el siglo pasado como el Desierto del Lacandón.

A partir de la segunda mitad del siglo xix, a la par de la desestructuración de los bienes del clero, comenzó a definirse una *franja finquera* en los límites de la selva Lacandona. Desde los centros de poder económico, como Comitán y San Cristóbal, arribaron a la zona compradores de tierras que erigieron explotaciones agropecuarias y avanzaron hasta el área de la selva siempreverde, cuyos bosques interiores estaban en manos de empresarios extranjeros y tabasqueños que extraían la madera tropical.

De las llamadas "fincas" proviene 80% de los colonos de Las Cañadas Ocosingo-Altamirano; el resto es originario de ejidos y terrenos comunales, localizados más en el norte del estado que en la región de Los Altos. Desde finales de los treintas los *selváticos* formaron pequeñas rancherías de una o dos familias, así como ejidos dispersos de entre 50 y 500 habitantes. No se sabe con exactitud la población actual de la *subregión*, pero puede afirmarse que es superior a 30 000 habitantes asentados en más de 200 localidades.

Las cabeceras municipales (Ocosingo, Las Margaritas, Altamirano y Comitán) son las poblaciones más grandes; abastecen de
productos y prestan servicios a las colonias. Se les ve como centros del poder ladino, aunque allí cada día viven más y más indígenas. En cambio, el medio rural es percibido como un espacio
de indios, sin importar la existencia de ladinos que viven en sus
ranchos selva adentro. Es verdad que se distingue entre los dueños
de grandes ranchos y los propietarios de dos a 10 hectáreas, quienes siendo ladinos militan ocasionalmente en organizaciones indígenas, pero, de cualquier manera, la relación se expresa como
dicotómica: los indios de "adentro" *versus* los "caxlanes"/ricos/fin-
queros/ganaderos de "afuera".

Tal dicotomía se construye a partir del pasado inmediato de
los colonos (algunos de ellos aún acasillados en la década de los
setenta), pero también en el presente. Hoy en día, en el Segundo
Valle de Ocosingo, en el rancho Los Laureles, la relación entre
trabajadores y patrón ha cambiado poco; así lo demuestran las
casuchas alrededor de la "casa grande", la "tienda con productos
para los trabajadores", la "libreta de deudas" y las voces que llaman *ajwalil* ("mi señor", en tzeltal) al patrón.

No obstante, de las cuatro generaciones que viven en la selva,
sólo la de los "viejitos" recuerda con exactitud los buenos y los
malos tratos de los patrones. Sus hijos, cuando jóvenes, fueron
quienes se aventuraron a la selva en busca de nuevas tierras. Los
hijos de esos pioneros, ahora adolescentes, son la base social por
excelencia del EZLN. Son ellos quienes enarbolan el odio contra
los finqueros/ganaderos/"caxlanes"; lo hacen bandera de su lucha a pesar de que, en la región, los grandes latifundios forestales y agropecuarios se han disuelto ante el reparto agrario o
escondido bajo la simulación.

A pesar de todos los avances tecnológicos de fin de siglo, se
puede seguir hablando de "adentro" y "afuera". "Afuera" hay
hospitales, preparatorias, agua potable, luz eléctrica, teléfono, te-
légrafos, mercancías más baratas y variadas; mientras que "adentro" sólo se cuenta con agentes de salud, radio de banda civil, celda solar, escuelas primarias, agua de los manantiales, veredas y
"caminos reales" (viejos caminos abiertos por los monteros). Eso
hace la diferencia sustancial.

Hasta mediados de este siglo los ríos eran la vía por la que se arrastraba la madera extraída de la selva; los caminos terrestres apuntaban hacia las ciudades receptoras: Tenosique y Villahermosa. Sin embargo, entre los años cuarenta y setenta se da un cambio palpable en la red de comunicación tradicional. Cobraron importancia las rutas aéreas con destino a la selva, que tenían como punto de partida Comitán, Ocosingo, San Cristóbal y Yajalón. Fue entonces cuando, debido al auge de la colonización campesina, las avionetas salían cargadas de puercos que se mercaban en San Cristóbal. Los "cochis" (puercos) también salían por tierra, se arriaban por dos o tres días hasta Salto de Agua y ahí se embarcaban por ferrocarril a la ciudad de Mérida.

Entre los años setenta y ochenta salieron cada vez menos puercos; en su lugar, el café y los becerros pusieron en contacto a Ocosingo y Las Cañadas con Tuxtla, Veracruz, la ciudad de México, y hasta con Inglaterra y Holanda. Los recursos económicos provenientes de tales actividades hicieron más frecuentes los viajes en avioneta, pero muchos *selváticos* seguían caminando dos o tres días para alcanzar los camiones de tres toneladas que ya transitaban por las terracerías de Patihuitz, el crucero Piñal y Chancalá. En los ochentas se abrió la llamada carretera Fronteriza y en los noventas se concluyó la arteria Ocosingo-San Quintín, 20 años después de iniciada su construcción. Sin embargo, ahora, a pesar de los caminos de terracería y de las nuevas redes de comercialización, para muchos el EZLN se encuentra "adentro", sobre todo para aquellos que mitifican la selva y no se imaginan que es un gran potrero con barruntos de bosque y una Reserva Integral de la Biosfera, llamada Montes Azules (RIBMA), de tan sólo unas 200 000 hectáreas.

Valle de Jovel, verano de 1994

UN VIAJE POR LA LACANDONA*

UN VISTAZO POR AIRE

En el valle de Comitán, en las afueras de la ciudad, rumbo a la frontera con Guatemala se localiza un letrero que dice "Taxis Aéreos Comitán". Estamos en el sur de la Lacandona, ante una de las puertas de entrada a la selva. El pequeño aeropuerto (llamado por la gente "pista") se compone de una franja larga de asfalto que se utiliza para aterrizar y despegar, una oficina con servicio de radiocomunicación, un "comedor" y dos bodegas: una para carga y otra que hace las veces de taller de reparación. Este aeropuerto contrasta con el de Ocosingo, más pequeño y con menos servicios.

Hoy tenemos suerte, la mañana está despejada y la neblina no impedirá el despegue; sin embargo, las dos avionetas que dan servicio aún esperan la llegada de los pilotos. Hacia las 10:30 de la mañana nos informan que hoy será difícil que volemos pues, antes que el nuestro, están en lista tres viajes "especiales". El primero pagado por la Secretaría de Salubridad y Asistencia (SSA), la cual envía cada año vacunas y vacunadoras a las comunidades como parte de sus campañas preventivas. El segundo ha sido pagado por el ejido Amador para introducir sal, galletas, jabones, dulces, pilas, botas, machetes, lámparas, petróleo y cerillos comprados en la ciudad de Comitán y destinados a abastecer la tienda cooperativa local de dicha población. Y el tercer viaje, el más importante para la compañía dado su elevado costo, fue solicitado por un grupo de turistas extranjeros, quienes visitarán los murales del sitio arqueológico de Bonampak.

Al atardecer, en espera de nuestro turno, dormitamos en la bodega entre sacos de sal y cajas de galletas, ya resignados a posponer nuestra salida. A la mañana siguiente la neblina retrasa la hora de salida pero, finalmente, al mediodía, cuando "hace un

* La versión original fue publicada en la revista *Ojarasca*, núm. 33-34, junio-julio de 1994, México, D. F., pp. 8-13.

claro", la avioneta se eleva, da un giro para tomar rumbo norte, y ante nuestros ojos aparecen las parcelas del valle comiteco. Al fondo se abre la Lacandona con sus cañadas, ríos, valles interiores y mesetas.

El viajero mira hacia abajo con la esperanza de disfrutar el panorama de exuberante vegetación que —según imagina— debe cubrir todo lo que el piloto señala como selva. Pero, ¡oh desilusión!, ante sus ojos sólo aparecen manchones verdeoscuros allá, en los Montes Azules (RIBMA) y en otras pequeñas áreas (mapa 1).

A pesar de ello, el paisaje de la zona regala la belleza de una veintena de ríos y multitud de riachuelos que forman parte de la cuenca del Usumacinta. Desde el portentoso Lacantún y el verdeazul Jataté hasta el transparente Cristalino, que es un río menor comparado con su vecino el Perlas. De estos ríos, unos nacen en Los Altos de Chiapas; otros en Los Altos de Guatemala, y algunos más en la selva misma.

Los afluentes del Lacantún corren agitados de noroeste a sureste, por cañadas y pequeños valles, pero cuando entregan sus aguas al Lacantún entornan hacia el noreste para ir a encontrarse con el Usumacinta y formar con él un solo cuerpo que se enfila hacia el noroeste hasta desembocar en el golfo de México. Sin duda, los ríos más caudalosos y por ello más llamativos son el Lacantún y el Usumacinta; este último sirve de división política con el país vecino, aunque la selva continúa en El Petén guatemalteco (mapa 2).

Cuando el avión se enfila rumbo a Ocosingo se aprecia el emplazamiento de la ciudad en las inmediaciones de una gran hondonada: el Primer Valle. Allí predomina el verdeclaro reflejo del pasto "estrella", característico de los grandes y bien cuidados potreros de los propietarios privados. Al lado, atravesando una cadena montañosa que asciende hasta 1 850 msnm (metros sobre el nivel del mar), en su punta más alta, se encuentra el Segundo Valle de Ocosingo, más pequeño y muy reticulado, a causa de la proliferación de minúsculos predios de minifundistas, dedicados también a la ganadería.

Ante la vista del viajero predomina en el conjunto de la selva la rugosidad montañosa que forma cañadas por donde corren los ríos Jataté, Perlas, Tzaconejá, Dolores, Caliente, Euseba, Santo

MAPA 1. *Vegetación y uso del suelo en la Reserva de la Biosfera Montes Azules y su zona de influencia*

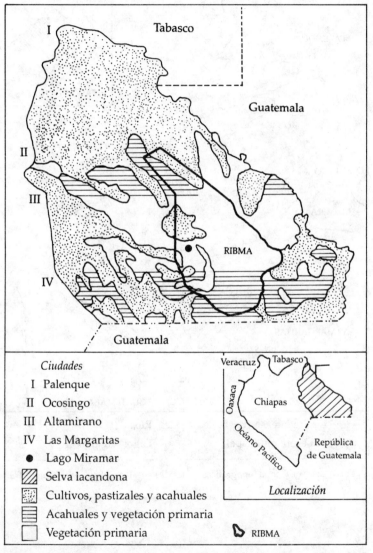

FUENTE: Elaboración del autor a partir de datos del Gobierno del Estado de Chiapas, 1990.

MAPA 2. *Cuenca mexicana del Usumacinta*

FUENTES: INEGI: Cartas topográficas varias; De Vos, Jan: 1988 *a* : 18; Helbig: 1973.

Domingo y Colorado. No todo es cañadas y cerros; el viajero cuidadoso puede distinguir valles interiores, mesetas y explanadas. Al terminar la sierra Livingston se desciende de 1 550 a 300 msnm y se llega al valle de San Quintín, con 48 kilómetros de largo por 12 de ancho. Allí se localiza el más grande y bello lago de la selva: el Miramar.

Si miramos hacia el norte nuevamente las montañas se elevan y se cortan semejando una mesa de billar: es la meseta Jardín, que oscila entre 1 100 y 1 450 msnm. Dicha elevación se antoja descenderla cual resbaladilla y así llegar a la Cañada o Corredor de Santo Domingo.

Hacia el sureste, pasando el Lacantún, desaparece la montaña y deja paso a una superficie plana de baja altura y mínima pendiente que se extiende hacia la frontera. Aterrizamos, el calor arrecia y nos indica que estamos a menos de 150 msnm, en plenas tierras de Marqués de Comillas, cuyo nombre rememora al latifundista que fue dueño de la zona a principios de siglo.

Nuevamente nos elevamos. Al sobrevolar Bonampak, en el corazón de la selva, el piloto señala el rumbo por donde se llega a los otros sitios arqueológicos más conocidos: hacia el extremo noroeste Palenque, al noreste Yaxchilán y al oeste Toniná. Vale agregar que la selva está llena de sitios aún no explorados o registrados.

Si el pasajero presta atención, verá que los asentamientos selváticos se localizan sobre todo en las cercanías de arroyuelos, arroyos y ríos. Esto no resulta extraño si pensamos que los pioneros *selváticos*[1] necesitaban asegurarse el abasto de agua. Ejidos como Las Tazas, Tacitas, La Sultana, La Soledad, Agua Zarca, Betania, San Quintín y Emiliano Zapata se encuentran a lo largo del río Jataté. En las márgenes del Lacantún están Rodulfo Figueroa, Nuevo San Andrés, Ixcán, Chajul, Playón de la Gloria, Tlaltizapán, Pico de Oro y Quiringüícharo. Desde la avioneta también se pueden ver asentamientos localizados a medio cerro, cerca de algún ojo de agua o manantial de donde se abastecen del preciado líquido.

Centros urbanos como Las Margaritas, Ocosingo y Palenque, cuya población respectiva es, en números redondos, de 8 000,

---

[1] Llamamos *selvático* al habitante de la Lacandona. Usamos el adjetivo en su sentido llano y no peyorativo.

12 000 y 17 000 habitantes, contrastan con la infinidad de minico-
munidades dispersas en toda la selva. No se tiene un dato exac-
to, pero se calcula que son más de medio millar, y hay incluso
quien asegura que pasan de 1 000 localidades, si se toman en
cuenta rancherías, ejidos y nuevos centros de población. Esto no
resulta descabellado si consideramos que los municipios de Ocosingo, Altamirano, Palenque y Las Margaritas (que tienen parte
de su superficie en la selva) registraron en 1990 un total de 568
ejidos, casi 2 500 localidades y cerca de 250 000 habitantes fuera
de las cabeceras municipales. Siendo así, no es arriesgado sostener que en la Lacandona hay más de 1 000 asentamientos y no
menos de 100 000 pobladores.

Hay asentamientos reticulados de hasta 500 habitantes, pero la
mayoría tiene entre 10 y 200 almas. Un ejido típico es un conjunto de casas distribuidas a lo largo de la pista aérea o del río (véase croquis). En cambio, si el viajero observa una casa en medio
del potrero, está frente a un rancho; pero si en vez de una son
varias las casitas que rodea el potrero, estará sin duda mirando
una ranchería. También es posible que encuentre manchas mayores como las de El Censo, Damasco, Nuevo Francisco León,
Taniperlas, Las Tazas, Zamora Pico de Oro y El Edén, colonias
que concentran una población de entre 1 000 y 2 000 habitantes.
Pero fuera de este puñado de poblaciones, sólo destacan las excepciones de Frontera Echeverría (llamada popularmente Corozal), con casi 3 000 pobladores, seguido de Benemérito de las Américas, el ejido más grande en la selva, con 3 320 habitantes, y el
nuevo centro de población ejidal Velasco Suárez (apodado Palestina), con 5 542 individuos.

Conforme desciende la avioneta el viento nos empuja hacia el
cerro, y nos viene un sobresalto que rápido olvidamos al observar postes con cableado eléctrico. Nos damos cuenta de que estamos en la periferia de la selva, pues la luz eléctrica sólo llega a
cubrir un mínimo del área cercana a las cabeceras municipales;
es decir, sólo gozan de su servicio algunas localidades ubicadas
en las orillas de la Lacandona. La excepción es Amador, colonia
que a pesar de encontrarse en *plena selva* cuenta con electricidad.
Ello fue posible gracias a que allí se construyó en 1992 una micro-
hidroeléctrica que aprovecha la fuerza del río que cruza el ejido.
La obra es resultado del alto nivel de organización de la gente,

CROQUIS. *El Guanal, distribución de solares y viviendas*

Río Perlas

Río Cristalino

A PLAN DE GUADALUPE

A LA
AURORA
A OCOSINGO

A SAN SEBASTIÁN, AMADOR
Y PICHUCALCO

⚓ Vado
▥ Puente de hamaca
≋ Río
═ Calle
─·─ División de solares sin calle intermedia.
⌒ Vereda, camino de herradura
▢ Vivienda
▲ Edificio público
○ Núm. de manzana
▒ Cafetal

FUENTE: Trabajo de campo 1990-1993.

de la utilización racional de los recursos naturales y del apoyo económico gubernamental.

Cuando nos acercamos a la pista de aterrizaje se ve más claramente la infraestructura con que cuentan las comunidades: una antena de radio y una celda solar, pista de terracería para aterrizaje de avionetas, una cancha deportiva y tres o cuatro edificios públicos con paredes de madera, techos de guano o lámina y piso de tierra (se trata del templo, la casa ejidal, la escuela y la agencia municipal).

Para ver todo de cerca descendemos en el ejido San Quintín. Los niños se arremolinan en la pista, las mujeres dejan el fogón y salen a mirar el aterrizaje, los comerciantes locales se aprestan para recoger la mercancía traída de "afuera". Y allá, al fondo, viene un grupo de gente cargando en hamaca a un viejo enfermo. Otros piden al piloto que espere, y tratan el precio del viaje para llevar al anciano al hospital San Carlos, localizado en el poblado de Altamirano. Días más tarde el cuerpo vuela de regreso para ser velado y enterrado.

Un paseo por veredas y terracerías

Ya en tierra, hacemos memoria para recordar algunos datos sobre el ejido San Quintín: fue fundado a principios de los años sesenta, se localiza en la confluencia de los ríos Perlas y Jataté, a menos de 300 msnm, y cuenta con una población de 812 habitantes. Lo que más llama la atención es la cantidad de pequeñas tiendas que expenden golosinas, refrescos, jabón, galletas, ropa, calzado, botas de hule, sombreros, adornos y herramientas como machetes, limas y sogas. La gente dice que hay como 50, y ciertamente al bajar de la avioneta se muestran en hilera más de seis, además de las dispersas por toda la colonia.

A más de templos, cancha deportiva y casa ejidal, en el centro del poblado hay una unidad médica del Instituto Mexicano del Seguro Social (IMSS-Coplamar), oficinas del Partido Revolucionario Institucional (PRI), del Instituto Nacional Indigenista (INI) y del Registro Civil, y en las afueras del poblado está la escuela-albergue de la Secretaría de Educación Pública (SEP) y un campamento de la Comisión Federal de Electricidad (CFE). No cabe duda de que San Quintín es un centro de comercialización y servicios para las localidades que lo rodean. Lo mismo sucede con Santo Domingo, Cintalapa, Damasco y Benemérito de las Américas.

De San Quintín dirigimos nuestros pasos hacia Amador (mapa 3). Atrás dejamos la pista y la avioneta, caminamos entre los potreros del valle y ocasionalmente cruzamos una zona arbolada, reserva forestal de alguna colonia. Aquí no hay carreteras, ni siquiera brechas, sólo veredas abiertas a machete y conservadas por el uso constante de la gente, andadas una y cien veces. Como se trata de un valle, no resulta difícil transitarlo con bestias (caballos o mulas). Así se va aplanando más la tierra. Pero cuando caen lluvias fuertes, muchas de estas veredas se convierten en verdaderos lodazales donde la bota se entierra o el caballo se atasca.

Conforme avanzamos hacia el norte, la vereda se vuelve más ancha, pues ésta fue el "camino real" que conducía a la montería de San Quintín. Ante nuestra vista se alternan *milpas*[2] recién sembradas con parcelas agrícolas en regeneración llamadas "acahuales". Allá al fondo vienen dos vaqueros arriando cinco toretes cebú, llegan al ejido Nuevo Chapultepec y preguntan quién tiene animales para vender. Algunos colonos se acercan y ofrecen su ganado. En el rancho cercano los compradores alquilan un potrero y dejan unos días los semovientes para seguir reuniendo más y así emprender el regreso a la ciudad de Ocosingo, donde los embarcarán con destino a Tabasco, Veracruz y la ciudad de México.

Después de siete horas de caminar llegamos a la colonia Amador; para guiarnos hemos seguido el cauce del río Perlas. Miramos a uno y otro lado: a la izquierda se yergue el cerro Mono Blanco, con 1 550 metros de altura en su punta más elevada, y a la derecha, con 300 metros menos, se levanta la sierra San Felipe. En medio se abre un valle pequeño que la gente llama Plan de Guadalupe. Aquí se muestra en todo su esplendor el ambiente selvático: el aire caliente y la vegetación tropical. Estamos en la margen suroeste de la Reserva Integral de la Biosfera Montes Azules (RIBMA).

[2] Sistema de cultivo agrícola tradicional de los pueblos mayas y mesoamericanos. Se basa en la roza-tumba-quema.

MAPA 3. *Caminos, localidades y sitios arqueológicos en la selva lacandona, 1993*

Simbología
- • Cabecera municipal
- —— Carretera asfaltada
- —— Terracería buena
- --- Terracería mala
- ——▶ Vereda
- ┼┼┼┼ Ferrocarril

Localidades de más de 2000 habs.
1. Palestina
2. Benemérito de las Américas
3. Frontera Corozal
4. Río Chancalá

Localidades de más de 1000 habs.
5. Damasco
6. Taniperlas

7. Z. Pico de Oro
8. N. Francisco León
9. El Censo
10. Las Tazas
11. Francisco I. Madero
12. Chiapas
13. El Edén

Sitios arqueológicos
- RIBMA
- Palenque
- Toniná
- Yaxchilán
- Bonampak
- Chinkultic
- Agua Escondida

FUENTES: Trabajo de campo y Gobierno del Estado de Chiapas, 1990, s. f.

Continuamos nuestro camino hasta llegar a El Guanal; allí descansamos, pues hemos caminado nueve horas. Al amanecer del día siguiente emprendemos una nueva jornada. Avanzamos buscando el río Jataté. Primero tuvimos que quitarnos algo de ropa para atravesar un arroyo por un profundo vado, luego pasamos el río Perlas por un puente de hamaca y caminamos por las tierras de El Guanal. Más adelante atravesamos el río Cristalino sobre un tronco que sirve de puente y que da la sensación de estar a punto de caerse. Al filo del mediodía nos encontramos bordeando la meseta Agua Escondida para llegar, ya cayendo la tarde, al ejido del mismo nombre. Cruzamos la sierra San Quintín por una "picada" (sendero estrecho, entre maleza, por el que sólo pueden transitar hombres con machete en mano), hasta salir a la altura del ejido La Sultana. Frente a los paredones que forman el Encajonado de Tazas vemos culebrear, allá abajo, el río Jataté. Los rápidos que se forman en esta parte voltearían cualquier embarcación.

Seguimos avanzando hacia el noroeste; nos detenemos en el ejido Las Tazas a tomar *pozol* (bebida refrescante hecha de maíz cocido y disuelto en agua) y a mascar *mumu* (tallo de "hojasanta"). El río está concurrido por muchachas que lavan ropa y niñas que refriegan el nixtamal con el que más tarde se prepararán las tortillas. Al lado del nixtamal se desplaza un puerco buceando los granos que caen del canasto. Hacia la tarde, una vez que los varones han regresado de la *milpa,* el río se llena de hombres que van a bañarse y a asear sus caballos.

Hemos cumplido tres jornadas de camino; nuestros pasos no alcanzan la rapidez de los *selváticos,* avezados a andar entre lodazales y pendientes resbalosas. Al cuarto día seguimos avanzando con el interés de llegar a las tierras de la antigua finca El Real. Cruzamos varios ejidos y rancherías. Muchos de ellos conservan el nombre de las propiedades privadas de los viejos empresarios madereros que ocuparon la zona desde fines del siglo pasado; tal es el caso de La Victoria, Guayaquil, La Trinidad y Las Tazas. Nuestra travesía continúa, y antes de llegar a El Real nos encontramos con los "chapines"; sus grandes cargas liadas en una red y llevadas a cuestas permiten distinguirlos desde lejos. Se nombra "chapín" a cualquier guatemalteco, pero éstos tienen en particular que cruzan la frontera con la finalidad de visitar comunidad por comunidad y vender diversos utensilios de cocina, ropa y zapatos.

Desde San Quintín siempre habíamos caminado con rumbo noroeste en dirección a la ciudad de Ocosingo; ahora continuamos el viaje hacia el noreste, trepados a un camión de tres toneladas. Atrás, parados y amontonados, transitamos la brecha que nos conducirá primero al crucero Monte Líbano y de ahí al crucero Piñal. En más de una ocasión hay que descender del vehículo para que éste atraviese un puente (construido con tubos), o bien para evitar accidentes en algún tramo enlodado por efecto de las constantes lluvias.

Hacia el atardecer alcanzamos un paisaje diferente. A más de 1 100 msnm los pinos y encinos predominan en las orillas de las lagunas Nahá, Baquelté, Guineo y Sibal. El viento se vuelve fresco y aparecen dos asentamientos dispersos de indios lacandones: Nahá y Metzabock. En Nahá nos detenemos a comprar un refresco en la única tienda instalada al pie de la carretera. Los lacandones, con túnica blanca, ofrecen flechas, cacahuates y tabaco. Un viejo lacandón, vestido de mezclilla y camisa a cuadros, nos comenta que vende su mercancía en las localidades tzeltales vecinas.

En el mismo sitio se detiene una camioneta con las siglas de Petróleos Mexicanos (Pemex). Se dirige al pozo Ocotal número 1. Decidimos continuar el viaje con sus ocupantes. La camioneta toma la brecha que la compañía ha abierto y así llegamos, avanzada la noche, al ejido Sibal, cercano al campamento de exploración petrolera.

Queda poco tiempo para descansar, pues la vida de la colonia empieza a las cinco de la mañana. Los frascos con mecha y petróleo hacen las veces de candelas; éstas y los fogones brillan dentro de las casas de guano y bajareque (pared de varas delgadas adosadas de lodo). Un solo sonido invade el ejido: "base gallo, base gallo, cambio...", "aquí perico, aquí perico, cambio..." El encargado de la radio se enlaza con otras colonias selváticas; así se comunican fechas de cursos de capacitación, campañas de vacunación, hora y lugar de asambleas, y un sinfín de información. No bien ha parado la radio, cuando otro sonido fuerte y prolongado rompe el silencio: el "cacho" (cuerno de vaca) suena para llamar a los hombres a hacer los trabajos comunales; en seguida la campana anuncia la hora de entrada a la escuela primaria.

Nos presentamos con las autoridades del ejido y les hacemos saber nuestro interés por llegar a Santo Domingo, colonia localizada al norte y que da nombre a la cañada vecina. Será necesario un guía, pues hay tantas veredas que cualquier citadino puede equivocarse; en cambio, los *selváticos* conocen perfectamente los rumbos, los atajos y el tiempo entre una localidad y otra. Uno de ellos comenta que camina una legua (cuatro kilómetros) por hora y que dura dos días para llegar a Ocosingo. Cuenta que lo más duro son las picadas: "allí sí, ni los animales pueden cruzar... no se crea, se siente duro cuando traemos carga o salimos a vender café".

Una jornada más y caminamos por la meseta Jardín; luego descendemos hasta llegar al Corredor de Santo Domingo. De la vereda pasamos a una brecha abierta por las empresas madereras. La salida natural del área es hacia Palenque y Tenosique (Tabasco), ciudades a las cuales se llega a través de la carretera llamada Fronteriza. La Fronteriza es un camino de terracería transitable durante todo el año; fue construida a principios de los años ochenta como parte de la estrategia de seguridad nacional frente al avance de la guerra en Guatemala y la exploración petrolera en Marqués de Comillas.

En el Corredor de Santo Domingo las colonias son más antiguas que las del corazón de la selva. Por eso y por su mejor comunicación son núcleos con mayor población y cuentan con más servicios: agua entubada, luz eléctrica, transporte con ruta camionera fija, casas de block y varilla; incluso, algunas comunidades cuentan con un pequeño parque y un quiosco.

A la mañana siguiente abordamos un camión de pasajeros de la línea Montebello cuyo destino es la ciudad de Palenque. Va lleno de gente y en la parrilla externa van racimos de plátanos, costales de café, de chile y hasta gallinas para vender en la ciudad. En el camino encontramos dos camiones de carga; el primero se detiene en cada localidad, ofreciendo almohadas, sobrecamas, sábanas, hamacas y prendas de vestir. El segundo tiene impreso en la portezuela un letrero que dice: "Frutas y verduras. Zacatlán, Puebla". Son los grandes compradores de chile jalapeño, el cultivo comercial más importante producido por los colonos de esta zona.

Antes de llegar al crucero Chancalá encontramos un camión de la Compañía Nacional de Subsistencias Populares (Conasupo), que abastece a las bodegas regionales localizadas en el ejido Damasco y en el nuevo centro de población ejidal Velasco Suárez, así como a las tiendas rurales con que cuentan casi todas las comunidades del rumbo.

VISITANDO CIUDADES Y CARRETERAS

Una vez en el ejido Río Chancalá, llaman la atención las ruinas del antiguo aserradero. Éste fue instalado a mediados de los años sesenta por la empresa Aserraderos Bonampak, y operó hasta fines de los ochenta. Hoy, el asentamiento que lo albergaba es un pueblo fantasma. Como muchos otros enclaves del país, creció a la sombra del auge, maderero en este caso, y se convirtió en un polo de desarrollo. El ejido cobró dimensiones de localidad importante, se urbanizó, por así decirlo; pero en cuanto la compañía fue cerrada por decreto gubernamental la gente se quedó sin trabajo y los servicios decayeron. La emigración de la población fue la mejor solución. El ejido Río Chancalá ha vuelto a su tamaño original, aunque con sus recursos naturales diezmados.

Resulta muy contrastante recorrer el trayecto Santo Domingo-Tenosique: se pasa de la enlodada o polvorienta terracería chiapaneca (según haya lluvia o sequía) a la excelente carretera tabasqueña, que corre entre pastos exuberantes, plantíos de caña de azúcar e instalaciones agroindustriales.

La ciudad de Tenosique impresiona como polo de desarrollo agroganadero y asiento de muchos servicios que ni el mismo Palenque puede llegar a ofrecer a los *selváticos*. Tenosique es uno de los principales centros rectores de la selva; a ello contribuye que sea más rápido y cómodo ir por camino asfaltado de Chancalá a dicha ciudad, que a Palenque por terracería. Para llegar de Tenosique a Palenque la vía más rápida es el tren, cuyo convoy a Mérida sólo pasa por la mañana. A cualquier otra hora el viaje debe hacerse por carretera y dando un gran rodeo.

La ciudad de Palenque parece más grande de lo que es porque alberga una población flotante de turistas que, varios meses al año, saturan los servicios. Unida a ésta por carretera se encuentra la ciudad de Ocosingo, para muchos una ciudad "de paso" entre los centros turísticos de Palenque y San Cristóbal de Las

Casas. Pero para los indios de la selva es un centro administrativo y comercial. Los *selváticos* entran y salen del Ayuntamiento, del ministerio público, de la cárcel, de la tienda Conasupo, de la tienda de ropa "El Yucateco", de la casa de la organización campesina conocida en la región como Asociación Rural de Interés Colectivo (ARIC), de las oficinas de la Confederación Nacional Campesina (CNC) y de la parroquia. Andan de allá para acá, hasta retornar a sus ejidos y rancherías.

El viaje que hemos hecho ejemplifica las peripecias que implican los recorridos en la Lacandona. Cabe aclarar que también podríamos incursionar por tierra desde Ocosingo hasta el corazón de la selva, hacia San Quintín, pues desde 1992 se concluyó el camino de terracería iniciado a fines de los años setenta. Aunque sus condiciones de mantenimiento provocan frecuentes interrupciones o al menos graves dificultades para el tránsito en tiempo de lluvias, su apertura conlleva cambios importantes, algunos ya a la vista: las pistas de aterrizaje comienzan a ser abandonadas, pues sin duda los ejidatarios prefieren el viaje por tierra que, aunque accidentado, es mucho más barato. Otros cambios los ocasiona la entrada de nuevas mercancías y de más y nuevos compradores de café, puercos y toretes.

Al concluirse en breve el camino Las Margaritas-San Quintín-Ocosingo, quedará comunicado el corazón de la Lacandona con el "exterior". Esta arteria interior será, junto con la carretera Fronteriza, la vía al desarrollo y a todas sus contradicciones. Por allí circularán con mayor intensidad pobladores, compradores, vendedores, militares, mercancías, etcétera...

Chiapas, 1993

MÁS ALLÁ DE LA DIVISIÓN MUNICIPAL*

EN ESTE capítulo se busca enfatizar la existencia de la selva lacandona como un espacio socionatural común a los municipios de Palenque, Las Margaritas, Altamirano y Ocosingo (mapa 4), donde se teje un entramado de relaciones sociales y existe un mosaico de grupos sociales, organizaciones político-económicas, religiones y lenguas con un movimiento social propio.

Más allá de las fronteras administrativas, la particularidad de los municipios referidos es que una porción considerable de su territorio forma parte de la selva lacandona; es decir, comparte un mismo proceso social (mapa 4). En la actualidad, la dimensión social de la selva tiene que ver con el proceso de colonización iniciado en los años treinta de este siglo y que se intensificó, sobre todo, a partir de los cincuenta con la expansión de la frontera agroganadera.

Tal dimensión también tiene que ver con las condiciones naturales, orográficas y fluviales. Por eso, pensar en la Lacandona remite a gran parte del sistema fluvial del Usumacinta (mapa 2), cuya extensión alberga valles y cañadas de elevación variada: desde los 2450 msnm, cerca de Aquiles Serdán, en el municipio de Las Margaritas, hasta 150 msnm, cerca del arroyo Salado, en pleno Marqués de Comillas, al sureste de Ocosingo.

Vale la pena aclarar que existen localidades en los cuatro municipios estudiados que no comparten el fenómeno social de la selva. Por ejemplo, el municipio de Altamirano es una zona liminal entre dos regiones: la selva y Los Altos. Por ello, algunas de sus comunidades se integran espontáneamente al abasto, servicios y comercialización de San Cristóbal o de las comunidades alteñas; mientras que otras, en términos políticos, se identifican con comunidades selváticas (mapa 4).

Las Cañadas de Las Margaritas pertenecen a la zona en estudio, pero quedan fuera las tierras llanas, continuación del amplio

* La versión original fue publicada en el *Anuario 1991*, Tuxtla Gutiérrez, Chiapas, Instituto Chiapaneco de Cultura, 1992, pp. 176-241.

MAPA 4. *Municipios de la selva lacandona contemporánea*

Simbología	Municipios
Selva lacandona	65 Palenque
Límite internacional	59 Ocosingo
Límite estatal	4 Altamirano
Límite municipal	52 Las Margaritas

FUENTE: Trabajo de campo y revisión bibliográfica

valle comiteco, así como la Cañada Tojolabal, por ser un antiguo asentamiento de comunidades indígenas (mapa 4).

En Ocosingo, la pavimentación de la carretera entre San Cristóbal de Las Casas y Palenque en los años ochenta contribuyó a diferenciar las comunidades que quedaron cerca de la carretera, integradas al resto del estado y del país, de las que quedaron selva adentro, en Las Cañadas y en el Primer y Segundo Valle de Ocosingo. Además, las sierras Chixtontic y Canjá contribuyen a separar la selva de las montañas del norte (mapa 4).

Las condiciones fisiográficas permiten identificar dos fenómenos en el municipio de Palenque: las localidades asentadas en las llanuras del golfo están integradas a la vida tabasqueña, mientras que las localizadas en las elevaciones montañosas son parte de la dinámica selvática.

Avanzar en la resolución del problema de los límites de la selva, pero sobre todo establecer los criterios de su definición social, requiere combinar el estudio de fuentes que aporten generalizaciones con el de fuentes particulares que remitan a áreas más pequeñas. Por ello, en este capítulo se da un panorama general a partir de los datos censales de cuatro municipios. Dicho panorama, sin embargo, contrasta con la información de fuentes menos agregadas y con la observación hecha sobre el terreno.[1]

Existe un sinnúmero de fuentes de información elaboradas con criterios de planeación, proyección, programación o inversión, ya que diversas agencias de gobierno se han interesado en la región.[2] Sin embargo, son registros parciales, dispersos y de criterio variado, de manera que hacer acopio de tal información y volverla útil para analizar lo general y lo particular de la selva supone un reto.

En el apéndice I se puede observar un ejemplo de la diversidad de fuentes y la naturaleza de los datos que pueden encontrarse. Éstas arrojan registros relativos al tamaño de la población, a las

[1] Un estudio de los "ciclos de colonización" de la selva requiere echar mano de elementos cualitativos y cuantitativos que permitan entender el proceso social de manera global. Supone observación de campo, análisis de la tradición oral, consulta de información estadística gubernamental y no oficial, y consulta de archivos privados y públicos.

[2] La Lacandona es centro de atención del país y del mundo, de allí que existan fuentes diversas, desde las de agencias de gobierno o paraestatales hasta las de organizaciones empresariales y las no gubernamentales, extranjeras fundamentalmente (*cf.* apéndices I y II).

actividades económicas, a la infraestructura, a la situación de la tenencia de la tierra y a la naturaleza étnica de los colonos; en ocasiones, remiten a censos de comunidades enteras; otras veces sólo a muestreos. En su mayoría están elaboradas por agencias de gobierno, pero también las hay hechas por universidades, asociaciones civiles y, las menos, por centros de investigación. En términos globales, dichas fuentes poseen varias desventajas:

a) fueron hechas con criterios muy específicos, lo que hace difícil su comparación y la posibilidad de lograr secuencias históricas;

b) muchas veces se trata de estimaciones y no de datos levantados en el campo;

c) atienden sólo una parte del "todo" selva, al enfocarse a una comunidad o área.

Por lo tanto se cuenta con información desigual para cada subregión.[3]

A pesar de tales limitaciones, dichas fuentes resultan la principal puerta de entrada al estudio particular de las subregiones de la selva. Son la contraparte de las tendencias que presentan los censos nacionales, cuyo estudio dibuja a grandes rasgos el devenir de un universo agregado a nivel municipal.[4]

Para conocer las particularidades de cada municipio a partir de los censos, es necesario comparar entre sí cada aspecto relevante, así como resolver la dificultad que presenta la diferencia de criterios de un censo a otro mediante la comparación de números relativos.

---

[3] Por ejemplo, la subregión conocida como Comunidad Lacandona (mapa 5) cuenta con bastantes registros censales por tratarse de una colonización dirigida desde la férula estatal. De manera similar sucede con la subregión Marqués de Comillas (mapa 5). Aquí, la Secretaría de Desarrollo Urbano y Ecología, la Comisión Intersecretarial para la Protección de la Selva Lacandona y la Secretaría de Agricultura y Recursos Hidráulicos tienen bastantes registros. En fin, baste señalar que éstas, como cualquier tipo de fuentes, deben someterse a la "crítica". El investigador debe preguntarse con qué objetivos fueron elaboradas, qué universo abarcaron y bajo qué condiciones sociales y políticas se realizó el trabajo de levantamiento e interpretación de los datos. Se trata, pues, de recrear el contexto en que surgió la fuente para así estar consciente de sus ventajas y limitaciones.

[4] Los censos muestran tendencias, rupturas y permanencias, pero no la realidad misma. Por eso, siempre que sea posible, deben contrastarse los resultados censales con los de otras fuentes de información.

MAPA 5. *Subregiones de la selva lacandona contemporánea en el contexto de Chiapas y México*

Subregiones
1 Cañadas de Las Margaritas
2 Cañadas Ocosingo-Altamirano
3 Zona Norte
4 Comunidad lacandona
5 Reserva Integral de la Biosfera
  Montes Azules
6 Marqués de Comillas

FUENTE: Trabajo de campo, Márquez: 1988, y otros.

Ciertamente, adentrarse en la selva por la senda de los censos y otros registros oficiales es más riesgoso que incursionar en otros lugares por la misma vía. Se trata de un espacio remoto, donde existen aún localidades que están incomunicadas, a no ser por una pista, más o menos cercana al poblado, donde pueden aterrizar avionetas.

Si hoy (1991) prevalece esta situación, con más razón fue una barrera en el pasado. El censo de 1930 advierte, por ejemplo, que "por falta de comunicación en la Sierra Lacandona dejaron de empadronarse algunos individuos que viven allí". A pesar de ello, un acercamiento a la selva mediante los censos permite fijar con más precisión el acontecer de hechos que la memoria de los pobladores retiene vagamente. Permite reforzar observaciones surgidas en entrevistas o bien sugeridas por el paisaje mismo. Ayuda a dar respuesta a preguntas que se originan al estudiar otras fuentes. Asimismo, genera interrogantes a los que debe responderse a partir del estudio de fuentes distintas a los propios censos.

POBLAMIENTO

El motor de atracción para algunos colonos campesinos-indígenas llegados a la selva fue, en un principio, la posibilidad de obtener una fuente de trabajo. Así, tojolabales trabajadores de fincas en Comitán pasaban a laborar en las fincas ocosingueras propiedad del mismo patrón. En otras ocasiones, ellos mismos abandonaban la finca para ir a probar suerte a otras de Altamirano u Ocosingo.

Otro caso son los vaqueros de Ocosingo y los bachajontecos que emigraban a trabajar en las monterías de la selva (Montañez, cit. en De Vos, 1988a: 236). Algunos de estos últimos ya habían emigrado desde principios del presente siglo, trabajaban en las fincas ganaderas y cafetaleras del valle del Tulijá (De Vos, 1988a: 285). Según Montagú (1989: 347), los trabajadores de fincas similares en el valle de Ocosingo eran principalmente sucesores de los antiguos siervos de las fincas de los frailes dominicos.

Otros indígenas fueron trasladados de la región de Los Altos al municipio de Palenque para trabajar en las explotaciones de caucho que, en 1903, tenían 24 compañías estadunidenses a lo largo del Usumacinta y ríos tributarios. Ahí se produjo caucho, caña de azúcar, cacao y café hasta 1913 (Wasserstrom, 1989: 139-141). Más adelante, en los años cuarenta, la explotación chiclera atrajo a gente de Yucatán, Campeche, Quintana Roo, Tabasco y hasta de la Huasteca (Blom y Duby, 1988: 266).

Si bien la población inmigrante ligada a las actividades extractivas fue hasta cierto punto "población flotante", la empleada en las actividades agroganaderas no lo fue. Ambos tipos de población fundaron las primeras colonias antes de la mitad del siglo, es decir, se asentaron en la selva sin retornar a su lugar de origen. En muchos casos estos monteros y chicleros (algunos convertidos en colonos) trazaron las rutas para los que llegarían después. La información oral se refiere a ellos como guías y orientadores de los indígenas buscadores de tierra.

Estos indios, a diferencia de los pioneros, tenían como motor el interés de obtener un pedazo de tierra para cultivarla. Así comenzó a crecer la población asentada en colonias ejidales, rancherías y ranchos. Las tierras de empresarios y compañías madereras fueron vendidas o usufructuadas mediante el reparto agrario. En ello influyó la lenta pero irreversible caída del mercado de maderas preciosas, la baja de los precios y de la demanda internacional de madera, la prohibición de exportar madera en rollo y, finalmente, el fraccionamiento por venta o expropiación de latifundios forestales.[5]

Algunos investigadores han estudiado las causas de la inmigración a la selva. Gracias a ellos se sabe que está relacionada con las condiciones socioagrarias y económicas propias de los

[5] En 1957, 1961 y 1967 se emitieron tres decretos de expropiación de latifundios forestales (De Vos, 1988c). Pero, sin necesidad de tales decretos, hacia los años cincuenta los predios localizados a la altura del Jataté superior, que pertenecían a los madereros Bulnes, fueron ocupados por indígenas provenientes de las fincas localizadas en la cañada de Patihuitz (mapa 6). Se posesionaron argumentando que eran "terrenos nacionales"; sin embargo, la zona Bulnes (localizada en el Jataté superior e inferior) nunca fue expropiada, por lo que tal invasión de terrenos dio origen a un conflicto aún presente en la década de los ochenta (comunicación personal del doctor Jan de Vos, San Cristóbal de las Casas, Chiapas).

En el Jataté superior hoy encontramos colonias como La Trinidad o Las Tazas, y ranchos como Guayaquil y La Victoria, los cuales conservan los nombres de los predios madereros propiedad de los Bulnes. De esas colonias y ranchos, desde 1960 emigraron colonos hacia el valle de San Quintín (mapa 6). (Para ubicar la zona Bulnes véase De Vos, 1988c: 26; y para mayor información sobre dichos predios, véase De Vos, 1988a: pp. 74-79.)

MAPA 6. *Zonas de colonización a partir de los treintas en los municipios de Ocosingo y Las Margaritas*

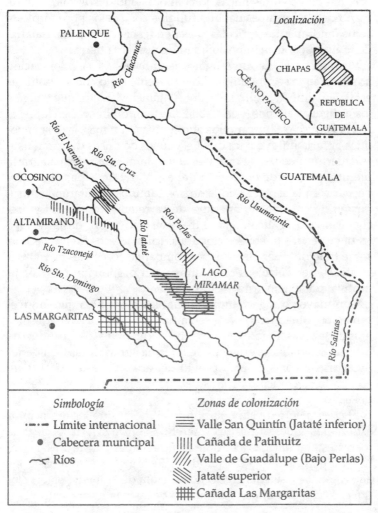

FUENTES: SRA, 1992; De Vos, 1988 *a*: 18; INEGI: Cartas topográficas, varias; Trabajo de campo.

lugares de origen: concentración de la tierra en unos cuantos propietarios; avance de la ganadería como forma de producción predominante en las fincas, lo cual ocasionó desplazamiento de mano de obra campesina; minifundios con suelos poco fértiles y bajos rendimientos agrícolas, y dependencia del trabajo asalariado temporal ante la imposibilidad de poseer la tierra.[6]

En otro nivel, las investigaciones relacionan la colonización acaecida en la segunda mitad del presente siglo con las políticas estatales como la prohibición del "enganche", factor que obligó a los indígenas alteños (que trabajaban temporalmente en la sierra y el Soconusco) a buscar otras alternativas. Además, la misma política agraria influyó para que los peones de fincas desearan usufructuar un pedazo de tierra; es decir, la misma reforma agraria fue una política de ocupación del espacio y de expansión agropecuaria en la selva.[7] Asimismo, los caminos facilitaron la intromisión de colonos. La apertura de carreteras, terracerías y brechas suavizó la dicotomía entre vivir "adentro" de la selva o "afuera", en los pueblos y ciudades. Tales accesos fueron hechos, sobre todo después de 1949, por compañías forestales privadas y estatales, por Petróleos Mexicanos y, en proporción poco significativa, por el gobierno mismo.

Con mayor o menor importancia, los elementos que influyeron en el poblamiento de la selva fueron: la situación de los migrantes en sus lugares de origen, la dinámica de la industria forestal, las políticas estatales de reforma agraria y las facilidades de acceso y conocimiento previo del área. El resultado fue un acelerado crecimiento de la población, de la tierra desmontada y del ejido.

El crecimiento de la población total indica que los municipios estudiados muestran serias diferencias entre sí y respecto a la media estatal (cuadro 1). Altamirano recuperó hasta 1940 la población perdida en la década de la Revolución y sólo hasta los años sesenta y setenta creció por encima de la media en el estado, pero con una diferencia mínima de apenas 1 por ciento.

[6] También se relaciona la inmigración con la catástrofe natural provocada por la erupción del Chichonal (1982) y con la búsqueda de la "tierra prometida" por las iglesias no católicas.

[7] Particularmente, el Departamento de Asuntos Agrarios y Colonización y el Instituto Nacional Indigenista tuvieron un papel protagónico, algunas veces ne-

Cuadro 1. *Crecimiento de la población. Municipios de la selva lacandona, 1910-1990*

Año	Altamirano	Las Margaritas	Ocosingo	Palenque	Chiapas
		Números absolutos			
1910	5 364	8 413	8 946	2 400	438 843
1921	2 794	10 207	5 797	1 291	421 744
1930	4 759	10 642	14 795	1 652	529 983
1940	5 465	14 033	11 271	3 455	679 885
1950	4 655	18 390	13 940	6 206	907 026
1960	5 783	24 689	19 800	12 412	1 210 870
1970	8 354	32 524	34 356	23 205	1 569 053
1980	12 099	42 443	69 757	35 430	2 084 771
1990	17 026	86 568	121 012	63 209	3 210 496
		Tasas de crecimiento anual			
1910	—	—	—	—	—
1921	−5.8	1.8	−3.9	−5.5	−0.4
1930	5.5	0.4	9.8	2.5	2.3
1940	1.4	2.8	−2.7	7.7	2.5
1950	−1.6	2.7	2.1	6.0	2.9
1960	2.2	3.0	3.6	7.2	2.9
1970	3.7	2.8	5.7	6.5	2.6
1980	3.8	2.7	7.3	4.3	2.9
1990	3.6	7.5	5.8	6.1	4.5

FUENTE: Censos de población y vivienda.

Las Margaritas es el municipio más estable: conservó su población en los años diez, aunque se estancó en los veinte. En adelante mostró una conducta similar a la estatal, a excepción de los años ochenta, sin duda en parte por la presencia de refugiados guatemaltecos, pero fundamentalmente por la inmigración interna.[8]

Ocosingo, con más de la mitad de la superficie de los cuatro municipios (10 529 km²), es el que aglutina mayor número de pobladores, pero tiene la menor densidad de población (11.46 habi-

gativo. Sin embargo, se requiere de un estudio en detalle de las acciones de estas dos agencias estatales para desentrañar sus aciertos y contradicciones.

[8] Aunque se resten los 6 661 extranjeros que registró el censo de 1990, la población casi se duplicó en el decenio (cuadro 4).

tantes por kilómetro cuadrado) y la mayor extensión selvática. Muestra más inestabilidad en los registros de la primera mitad del siglo. Crece inusitadamente en los años veinte porque se le agrega la antigua municipalidad de Cancuc. Pierde población en los treinta, e incluso en 1950 censó 6% menos población que en 1930. Sin embargo, desde los años cincuenta crece cada vez más. En esa década arrojó un incremento menor al del estado, pero en los tres siguientes decenios su tasa de crecimiento fue dos o tres veces mayor. En los años sesenta, setenta y ochenta duplicó prácticamente su población cada diez años.[9]

Al igual que Altamirano, el municipio de Palenque recuperó la población de 1910 casi hasta 1940. A diferencia de aquél, que está en los límites con la selva, éste, ubicado plenamente en ella, presenta una temprana colonización. De los años treinta a los sesenta casi duplicó su población década con década, disminuyó su tasa en los setenta y repuntó en los ochenta, pero no tanto como Las Margaritas o el mismo Ocosingo si le sumáramos Cancuc.

Tenemos, en orden cronológico, la intensificación de la colonización en Palenque seguido de Ocosingo y Las Margaritas. Los tres municipios presentan, con mucho, un mayor crecimiento que la media estatal en cualquier época de la segunda mitad del siglo. Incluso, Altamirano también supera el crecimiento del estado a pesar de recibir pocos inmigrantes, y en cambio expulsa a gran número de colonos hacia la cañada de Patihuitz y al valle de San Quintín (mapa 6). Pero, ¿qué población llega?, ¿qué dinámica social se da? Veamos.

COLONIZACIÓN

Los municipios estudiados concentran 9% de la población total del estado, 22% de los extranjeros y 13% de los nacidos en otros estados. La selva fue particularmente preferida como lugar de destino por más de 20% de los llegados a Chiapas desde Campeche, Tabasco, Quintana Roo y Guerrero, y por más de 12% de

[9] En 1989 Cancuc vuelve a ser un municipio independiente. Allí se censó una población de 21 209 individuos en 1990. Éstos, al sumarse a Ocosingo, muestran que el municipio mantuvo el ritmo de la década anterior y una tasa similar a la de Las Margaritas, mayor a 7% anual.

los venidos de Yucatán, Veracruz y Puebla. Es lugar de destino de campesinos provenientes de entidades rurales con población indígena, más que urbana (cuadro 2).

En términos de la población regional, el área se volvió socialmente más diversa. Los inmigrantes de otros estados de la República, aunque numéricamente los menos, suman 5% de la población de los cuatro municipios considerados. En Ocosingo representan 5% y en Palenque 13% (cuadro 3). En orden de importancia, vinieron de Tabasco, Veracruz, Oaxaca, Campeche, Guerrero, Puebla, Distrito Federal, Michoacán, Yucatán, Estado de México y Quintana Roo (cuadro 4).

Con el 7% de la población total de la selva, compuesta por los inmigrantes de Guatemala y de otros estados del país, llegaron las hablas kanjobal, mame, chinanteca, náhuatl, chontal de Tabasco y chontal de Oaxaca, zapoteca, mixe, cuicateca, totonaca, mazateca, etc. Y con la inmigración desde otras regiones de Chiapas llegó el zoque; se difundieron el tzotzil, el tzeltal, el tojolabal y el chol a municipios donde antes no se hablaban o se hablaban poco.

La inmigración proveniente de otras regiones del estado resultó más importante que el 7% de origen externo. Los datos censales reportan que en 1940 se hablaban menos lenguas que en 1980 y 1990 (cuadro 5). En Altamirano, el municipio que se sale de la dinámica general de la selva, aparecen hablantes de tzotzil y chol, pero se conserva el predominio del tzeltal y del tojolabal. En Las Margaritas toman mayor importancia el tzeltal y el tzotzil, pero se conserva la preeminencia del tojolabal. En Ocosingo el tzeltal pierde terreno frente al chol, el zoque, el tzotzil y el tojolabal. En Palenque predominan el chol y el tzeltal.

Estas tendencias en el habla muestran de alguna manera las corrientes migratorias. A Palenque llegaron choles y tzeltales del norte. A Ocosingo vinieron algunos tzotziles de Los Altos, zoques de los valles centrales y choles y tzeltales del norte; pero fundamentalmente incursionaron tzeltales de Altamirano y del propio municipio. A Las Margaritas se desplazaron tzotziles y tzeltales de Los Altos y los propios tojolabales del municipio. Estas migraciones internas a los municipios se dan incluso antes de mediados del siglo y se reflejan en la creación de nuevas localidades antes que en el total de la población.

De acuerdo con la información de campo y con los datos cen-

CUADRO 2. *Entidad de nacimiento de los residentes en los municipios de la selva lacandona, 1990*

Entidad de nacimiento	Chiapas (100%)	Municipios de la selva*	
	Lugar de residencia		
		Número	Porcentaje
Aguascalientes	212	17	8
Baja California	275	10	4
Baja California Sur	56	1	2
Campeche	1 870	703	38
Coahuila	711	22	3
Colima	316	9	3
Chihuahua	693	33	5
Distrito Federal	17 232	535	3
Durango	694	37	5
Guanajuato	1 138	36	3
Guerrero	3 228	664	21
Hidalgo	990	63	6
Jalisco	1 884	89	5
Estado de México	3 992	141	4
Michoacán	2 603	229	9
Morelos	685	47	7
Nayarit	358	15	4
Nuevo León	571	18	3
Oaxaca	16 451	1 388	8
Puebla	4 821	593	12
Querétaro	288	9	3
Quintana Roo	435	118	27
San Luis Potosí	702	34	5
Sinaloa	832	35	4
Sonora	382	24	6
Tabasco	23 316	6 595	28
Tamaulipas	1 148	39	3
Tlaxcala	466	26	6
Veracruz	16 930	2 347	14
Yucatán	1 252	188	15
Zacatecas	466	27	6
Insuf. especificado	2 033	10	0
TOTAL (otros estados)	107 030	14 102	13
Otro país	31 101	6 929	22
No especificado	19 506	2 073	11
Nacidos en Chiapas	3 052 859	264 729	9
Población total	3 210 496	287 833	9

* Altamirano, Las Margaritas, Ocosingo y Palenque.
FUENTE: Censos de población y vivienda, 1990.

CUADRO 3. *Nacidos en otros estados respecto a la población total.*
Municipios de la selva lacandona, 1990

Municipio	Población total (100%)	Nacidos en otros estados	
		Números absolutos	Números relativos (%)
Altamirano	17 026	51	0
Las Margaritas	86 586	417	0
Ocosingo	121 012	5 506	5
Palenque	63 209	8 128	13
TOTAL	287 833	14 102	5

FUENTE: Censos de población y vivienda, 1990.

sales desde fines de los años treinta, las primeras colonias agrícolas se formaron en el municipio de Las Margaritas y una década después en Ocosingo. Las posesiones se efectuaron sobre terrenos nacionales o bien sobre tierras del finquero, pero entonces tenía que demostrarse ante las autoridades competentes la existencia de "demasías".

Al confrontar los censos con la información proporcionada por la Secretaría de la Reforma Agraria sobre dotación ejidal, se encuentra que las primeras resoluciones presidenciales fueron decretadas en los años cuarenta, con lo cual se constata la existencia de colonos desde finales de los treinta, dado que en la mayoría de los casos la tramitación agraria llevaba un par de años o más.[10]

Río Blanco, Veracruz, San Juan Pozo, Vicente Guerrero y El Momón, en el municipio de Las Margaritas, junto con Suschilá y Patihuitz en Ocosingo, fueron pioneros de la colonización (mapa 7). Posteriormente, a finales de los años cuarenta y principios de los cincuenta debieron constituirse San Antonio Las Delicias, San Miguel, Laguna del Carmen Pataté, Hermenegildo Galeana, La Garrucha y Prado Pacayal, en Ocosingo, así como Guadalupe Tepeyac en Las Margaritas. Las primeras localizadas en la cañada de Patihuitz y la última en la cañada que forma el cauce del río Caliente (mapa 8).

[10] Las resoluciones de los años treinta no pertenecen a la zona de colonización estudiada. Por ejemplo, Sibacá y Tenango en el municipio de Ocosingo.

MAPA 7. *Algunas colonias agrícolas de los municipios de Las Margaritas y Ocosingo en la década de los treinta*

FUENTES: Censos de población, 1910, 1921, 1930; SRA, 1992; INEGI: Cartas topográficas, varias; De Vos, 1988 *a*: 18; Trabajo de campo.

MAPA 8. *Algunas colonias agrícolas de los municipios de Las Margaritas y Ocosingo en la década de los cuarenta y principios de los cincuenta*

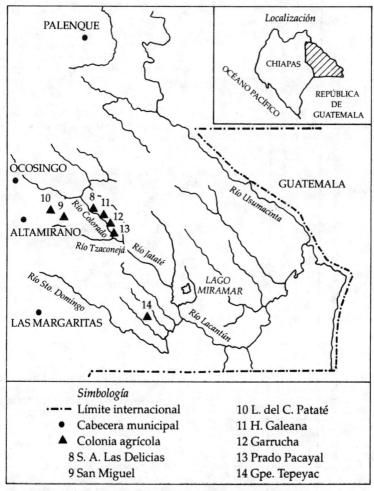

FUENTES: Censos de población 1910 a 1950; SRA, 1992; INEGI: **Cartas topográficas, varias**; De Vos, 1988 *a*: 18; **Trabajo de campo.**

CUADRO 4. Distribución de los inmigrantes en los municipios de la selva lacandona, 1990

Lugar de nacimiento	Total (100%)	Números absolutos				Números relativos			
		Altamirano	Margaritas	Ocosingo	Palenque	Altamirano	Margaritas	Ocosingo	Palenque
Aguascalientes	17	0	1	1	15	0	6	6	88
Baja California	10	0	0	0	10	0	0	0	100
Baja California Sur	1	0	0	0	1	0	0	0	100
Campeche	703	1	0	240	462	0	0	34	66
Coahuila	22	0	1	6	15	0	5	27	68
Colima	9	0	0	4	5	0	0	44	56
Chihuahua	33	0	2	3	28	0	6	9	85
Distrito Federal	535	17	150	162	206	3	28	30	39
Durango	37	1	6	1	29	3	16	3	78
Guanajuato	36	0	4	7	25	0	11	19	69
Guerrero	664	3	12	519	130	0	2	78	20
Hidalgo	63	1	4	37	21	2	6	59	33
Jalisco	89	1	7	32	49	1	8	36	55
Estado de México	141	3	33	46	59	2	23	33	42
Michoacán	229	1	43	128	57	0	19	56	25
Morelos	47	3	2	21	21	6	4	45	45
Nayarit	15	0	3	5	7	0	20	33	47
Nuevo León	18	0	2	6	10	0	11	33	56
Oaxaca	1 388	9	46	1 152	181	1	3	83	13
Puebla	593	2	14	121	456	0	2	20	77

Querétaro	9	0	0	1	8	0	0	11	89
Quintana Roo	118	0	1	92	25	0	1	78	21
San Luis Potosí	34	0	2	12	20	0	6	35	59
Sinaloa	35	2	0	4	29	6	0	11	83
Sonora	24	1	0	2	21	4	0	8	88
Tabasco	6 595	4	23	1 270	5 298	0	0	19	80
Tamaulipas	39	0	1	6	32	0	3	15	82
Tlaxcala	26	1	8	8	9	4	31	31	35
Veracruz	2 347	1	41	1 588	717	0	2	68	31
Yucatán	188	0	0	29	159	0	0	15	85
Zacatecas	27	0	2	3	22	0	7	11	81
Insufic. especif.	10	0	9	0	1	0	90	0	10
TOTAL (otros estados)	14 102	51	417	5 506	8 128	0	3	39	58
Otro país	6 929	2	6 661	246	20	0	96	4	0
No especificado	2 073	78	724	680	591	4	35	33	29
Nacidos en Chiapas	264 729	16 895	78 784	114 580	54 470	6	30	43	21
Población total	287 833	17 026	86 586	121 012	63 209	6	30	42	22

FUENTE: Censos de población y vivienda.

CUADRO 5. *Composición lingüística de la población indígena. Municipios de la selva lacandona, 1940, 1980 y 1990*

Municipio y año				Números absolutos			
	Chol	Maya	Tojo-labal	Tzeltal	Tzotzil	Otras*	No espe-cificada**
Altamirano							
1940	0	0	1 771	1 612	0	0	780
1980	0	4	3 048	4 499	37	3	67
1990	5	1	4 645	5 460	42	3	211
Las Margaritas							
1940	0	0	4 908	0	0	0	2 356
1980	0	1	16 924	1 452	942	20	283
1990	486	1	26 533	1 691	2 857	7 383	1 186
Ocosingo							
1940	0	0	0	6 980	26	0	1 772
1980	2 678	6	108	43 226	1 244	389	462
1990	7 525	474	606	64 917	1 514	2 336	1 594
Palenque							
1940	0	21	0	7	1	7	252
1980	8 149	40	1	4 520	16	284	179
1990	14 259	48	0	6 378	107	280	561
Chiapas							
1940	19 498	249	6 865	34 491	49 160	8 301	68 575
1980	76 959	535	22 222	212 520	131 825	36 154	11 485
1990	114 460	789	35 567	258 153	226 681	59 716	20 646

				Números relativos (%)			
Altamirano							
1940	0	0	43	39	0	0	19
1980	0	0	40	59	0	0	1
1990	0	0	45	53	0	0	2
Las Margaritas							
1940	0	0	68	0	0	0	32
1980	0	0	86	7	5	0	1
1990	1	0	66	4	7	18	3

CUADRO 5. *Composición lingüística de la población indígena. Municipios de la selva lacandona, 1940, 1980 y 1990 (conclusión)*

Municipio y año	Chol	Maya	Tojo-labal	Tzeltal	Tzotzil	Otras*	No especificada**
			Números absolutos				
			Números relativos (%)				
Ocosingo							
1940	0	0	0	80	0	0	20
1980	6	0	0	90	3	1	1
1990	10	1	1	82	2	3	2
Palenque							
1940	0	7	0	2	0	2	88
1980	62	0	0	34	0	2	1
1990	66	0	0	29	0	1	3
Chiapas							
1940	10	0	4	18	26	4	37
1980	16	0	5	43	27	7	2
1990	16	0	5	36	32	8	3

* En 1990 en Las Margaritas destacan 6 003 individuos de habla kanjobal y 1 068 de mame; en Ocosingo, 1 571 de zoque, 467 de chinanteco y 117 de mame; en Palenque, 128 hablantes de náhuatl. También se habla chontal de Tabasco, chontal de Oaxaca, zapoteco, mixteco, cuicateco, totonaca, mazateco, etcétera.
** En 1940 se incluye a los bilingües, de quienes el censo deja sin desglosar la lengua indígena que hablan.
FUENTE: Censos de población y vivienda.

Muchas de estas colonias fueron formadas por trabajadores emigrados de las fincas, quienes sólo tenían dos opciones: quedarse eternamente a trabajar con el patrón o aventurarse y caminar hacia el Desierto del Lacandón. Este desplazamiento debe ser entendido como un acto de "huida" y de "liberación" de un sistema de opresión y explotación que para los indios, en última instancia, representaba el sistema de dominio patronal. Los ex trabajadores afirman:

...había que trabajar de sol a sol... a veces ni los domingos se paraba... la gente ya estaba cansada de tener patrón. Nada, no hay nada...

ni un su caballito... ni una su vaquita. Mejor pensamos que vamos a salir a buscar tierras... (Teodoro Espinosa, 70 años, ejido El Guanal, municipio de Ocosingo, febrero de 1991.)

Estas primeras incursiones no llegaron muy lejos. Muchos de los colonos se asentaron en la misma cañada; a veces se convirtieron en vecinos "de segunda" de sus ex patrones, debido a que las mejores tierras eran de la finca, mientras colonias como Carmen Pataté (viejo Pataté), Hermenegildo Galeana y Guadalupe Tepeyac se asentaron en pleno cerro o en sus laderas, sin acceso directo a los ríos, sino únicamente a pequeños manantiales estacionales que limitaban su abasto de agua para uso doméstico y para la crianza del ganado bovino en que se iniciaban.

La relación entre la primigenia colonia y la finca en algunas ocasiones puede ser identificada rápidamente al contrastar sus nombres. De la finca El Momón salen trabajadores y constituyen la colonia Nuevo Momón, como sucedió con la finca El Rosario y la colonia El Rosario. La finca Las Delicias da lugar a las colonias Delicias Casco y San Antonio Las Delicias, por citar algunos casos representativos.[11]

La génesis del *ciclo colonizador* está en la finca misma. En otras palabras, en la migración a la selva se pueden identificar leyes, normas, actores, tendencias y secuencias; es decir, se trata de un proceso que se inicia en la finca o en la colonia tradicional y ocurre en varias etapas y modalidades. A continuación explicamos dichas etapas.

EL CICLO COLONIZADOR

De los años treinta a los cincuenta ocurre la fundación de colonias en Las Cañadas de Las Margaritas, en la de Patihuitz y en la del Jataté superior (mapa 6). Esas colonias bordearon el corazón

---

[11] Este es un fenómeno extensivo a casi todos los colonos de la región. Quienes no provienen de fincas sino de comunidades indígenas, pueblos o localidades de otras partes del estado o del país, pusieron los nombres de su lugar de origen a las colonias que fundaron. Así surgió Nuevo San Juan Chamula, Nuevo Francisco León, Nuevo Huixtán, Zamora Pico de Oro, Nuevo Chihuahua y Quiringuícharo, por ejemplo.

lacandón para formar nuevos ejidos o nuevas rancherías. Si había tierras nacionales, se posesionaban de ellas y vivían ahí independientemente de los años requeridos para la tramitación agraria. Si existían asentamientos previos a su llegada, solicitaban ingresar como ejidatarios o "avecindados"; o si sus recursos económicos se los permitían, compraban tierra y formaban una ranchería.

Al cabo de ocho o 10 años estas cañadas se saturaron. La tierra disminuyó sus rendimientos agrícolas y los índices de agostadero logrados eran bajos dado el nivel tecnológico alcanzado. La población aumentó por su crecimiento natural y por nuevas inmigraciones de colonos. Entonces, los jóvenes empezaron a demandar tierra. En algunas ocasiones se dieron ampliaciones a los ejidos; otras veces, tuvieron que emigrar temporalmente, convertidos en mano de obra barata que se desplazaba a otras regiones productivas o caminaba selva adentro ensanchando la frontera agrícola hacia los valles de Guadalupe y San Quintín (mapa 9).

Estos colonos, en los años setenta y ochenta, llegaron hasta la sierra San Felipe y el Cordón del Chaquistero, elevaciones que por la ausencia de agua corriente resultaban difíciles de poblar, además de que en 1977 fueron decretadas Reserva Integral de la Biosfera Montes Azules (RIBMA), lo cual contribuyó a detener el avance espontáneo que se venía dando (mapa 9).

Pero el *ciclo colonizador* no se cierra allí. De los ejidos-colonias suelen desprenderse una o dos familias que compran algunas hectáreas y las dedican al cultivo de maíz y a la crianza de ganado. Estos ranchitos son satélites de los ejidos en términos de abasto y relaciones personales. Sus dueños tienen familiares y amigos cercanos en las colonias; sin embargo, son independientes en cuanto al cultivo de la tierra y a la disposición de sus productos agropecuarios.

Resulta clara la existencia de *dos momentos* en el ciclo de colonización de la selva. Por ejemplo, en un primer momento, el ejido de Patihuitz fue constituido en los años treinta por trabajadores de las fincas La Martinica y Las Delicias. En un segundo momento, 25 años más tarde, emigraron de allí 20 familias y formaron el ejido Rómulo Calzada, localizado cañada adentro. Eso muestra que quienes fundaron las primeras colonias fueron expulsados de las fincas y luego, en un segundo momento, a partir de los años cincuenta, quienes colonizaron las partes más profun-

MAPA 9. *Rutas de colonización en los municipios de Ocosingo y Las Margaritas. Selva lacandona (1930-1980)*

FUENTES: Trabajo de campo; Censos de población, varios años; SRA: 1992; De Vos: 1988 *a* y *c*.

*Los límites de la Reserva Integral de la Biosfera Montes Azules corresponden al plano de 1977.

das de la selva fueron expulsados por las mismas colonias pioneras.

Sin embargo, las fincas siguieron expulsando mano de obra aun en los años sesenta. La Sultana se formó donde se junta el río Tzaconejá con el Jataté. Los colonos provenían de las fincas Las Delicias, El Porvenir, Martinica y La Esperanza, pero también de los ejidos Patihuitz, Hermenegildo Galeana y La Garrucha, colonias viejas localizadas en la misma cañada (mapa 10).

Hacia mediados de los años sesenta tenemos colonos asentándose simultáneamente en diferentes lugares del valle de Guadalupe; allí fundaron los ejidos Amador Hernández y El Guanal, entre otros. Pero antes de llegar allí y después de salir de la finca habían poblado alguna colonia localizada en la parte menos profunda de la selva, como San Miguel, La Trinidad o Avellanal en el Jataté superior. O bien, algún rancho como Vista Alegre, Santo Domingo o El Bravo.

El caso de El Guanal es ejemplar. De los hombres y mujeres registrados como casados, más de 80% eran inmigrantes: 55% provenían del ejido Hermenegildo Galeana, 16% de Las Tazas y 29% de fincas y ranchos. Pero, además, una tercera parte de los venidos de los ejidos Galeana y Las Tazas habían emigrado previamente, pues nacieron en fincas y ranchos.

Resultan típicas las familias con itinerancia en dos o más localidades previas a su asentamiento definitivo. Por ejemplo, don Mike salió de la finca Chapayal, vivió en la colonia El Guanal y finalmente formó, con su extensa familia, el rancho La Aurora (mapa 11).

De lo anterior se sigue que los ciclos de colonización están en estrecha relación con el agotamiento de los recursos naturales de la selva (tierra, ríos, manantiales, lluvias) y con el crecimiento acelerado de la población, así como con la distribución actual de la tierra. Por ejemplo, en las cañadas Patihuitz y Avellanal no existe *formalmente* tierra para ampliar ejidos: a veces unos ejidos colindan con otros, o bien colindan con pequeños propietarios o con grandes propiedades (el tamaño de éstas depende de quién realice la medición).

MAPA 10. *Fincas y colonias, región Patihuitz (1960)*

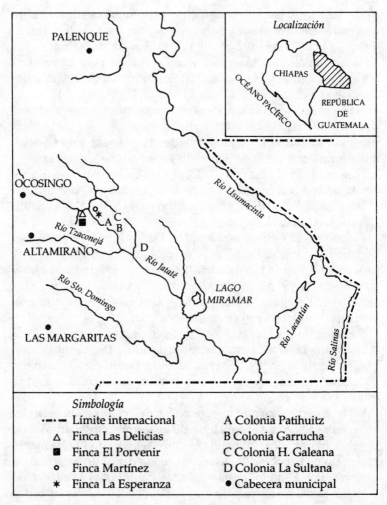

FUENTES: Trabajo de campo; INEGI: Cartas topográficas, varias; SRA: 1992; De Vos: 1988 *a*: 18; Censos de población: varios años.

MAPA 11. *Fincas, colonias y ranchos. Cañada de Patihuitz, Jataté Superior y Valle de Guadalupe*

FUENTES: Trabajo de campo; SRA, 1992; Censos de población, varios años; De Vos: 1988 *a*: 18; INEGI: Cartas topográficas, varias.

DIVERSIDAD SOCIOCULTURAL

Al tiempo que surgió este proceso de colonización con dos momentos claves, se diversificó lingüísticamente la región y sobrevino la pérdida relativa de más de 10% de los hablantes de lengua indígena.[12] Sin embargo, en términos generales, Altamirano y Ocosingo tienen tres cuartas partes de población que manifiesta hablar alguna lengua indígena, mientras Palenque y Las Margaritas cuentan con alrededor de la mitad de la población de dicha habla (cuadro 6).

Otro elemento destacado en la diversificación social de la selva es la profesión religiosa. Los censos muestran un proceso de conversión al cristianismo no católico a partir de los años cincuenta, con importancia generalizada en los ochenta. Desde los años sesenta en Palenque y Ocosingo y desde los setenta en Altamirano y Las Margaritas. De alguna manera, es un proceso paralelo a la colonización, que surgió primero en Palenque y Ocosingo, municipios de más temprana expansión demográfica. En 1990 una cuarta parte de la población confesó practicar alguna religión protestante o evangélica y sólo dos terceras partes se declararon católicas (cuadro 7).

Según muestran los censos, junto a la explosión demográfica aumentó la diversidad religiosa y lingüística. También surgieron cambios en la composición de la población económicamente activa. Entre 1960 y 1990 disminuyeron relativamente los ocupados en actividades primarias, aunque no de manera drástica. Palenque es el municipio más diversificado económicamente, donde la administración gubernamental y los servicios turísticos engruesan el sector terciario, pero aún así conserva dos terceras partes de su población en el primario. En cambio, los demás municipios mantienen más de 80% de su población dedicada a la agricultura, ganadería, silvicultura y/o pesca, actividades ejercidas gracias a la ampliación de la frontera agrícola y la restructuración agraria (cuadro 8).

[12] La excepción fue Palenque, donde el dato de 1940 registró apenas 10% de hablantes de lenguas indias y para 1980 enlistó más de 40%, sin duda producto de la colonización campesino-indígena del municipio y tal vez de deficiencias del levantamiento censal de 1940.

CUADRO 6. *Población indígena. Municipios de la selva lacandona,*
1940, 1980 y 1990

Municipio y año	Población base* (100%)	Hablantes de lengua indígena	
		Número	%
Altamirano			
1940	4 335	4 163	96
1980	9 951	7 658	77
1990	13 977	10 367	74
Las Margaritas			
1940	11 225	7 264	65
1980	35 605	19 622	55
1990	70 056	40 137	57
Ocosingo			
1940	9 146	8 778	96
1980	59 133	48 113	81
1990	99 405	78 966	79
Palenque			
1940	2 817	288	10
1980	29 941	13 189	44
1990	52 607	21 633	41
Chiapas			
1940	568 147	187 139	33
1980	1 776 985	492 700	28
1990	2 710 283	716 012	26

* Población de cinco años y más.
FUENTE: Censos de población y vivienda.

TENENCIA DE LA TIERRA

A principios de siglo existían explotaciones forestales y agropecuarias. Ambos tipos de explotación eran grandes extensiones
de tierra en unas cuantas manos. Las forestales dominaban los
ríos más caudalosos: Usumacinta, Lacantún, Jataté, Chocoljá, Tulijá, Lacanjá y Santo Domingo (mapa 2).[13] Dichas explotaciones
se apropiaron de bosques, tierras y ríos, primero mediante con-

[13] Para mayor información, confróntese De Vos (1988a, b y c); González
Pacheco (1983); Ballinas (1951); Montañez (1963, 1970, 1971 y 1972), y Traven (sus
obras conocidas como el "Ciclo de la caoba").

CUADRO 7. *Evolución religiosa. Municipios de la selva lacandona, 1940-1990*

Municipio y año	Población base* (100%)	Números absolutos			Números relativos		
		Católicos	Protestantes o evangelistas	Otros**	Católicos	Protestantes o evangelistas	Otros
Altamirano							
1940	5 465	5 449	11	5	100	0	0
1950	4 655	4 653	1	1	100	0	0
1960	5 783	5 743	21	19	99	0	0
1970	8 354	7 781	320	253	93	4	3
1980	12 099	11 036	570	493	91	5	4
1990	13 907	9 858	3 395	654	71	24	5
Las Margaritas							
1940	14 033	13 945	80	8	99	1	0
1950	18 390	18 210	164	16	99	1	0
1960	24 689	24 063	218	408	97	1	2
1970	32 524	31 703	389	432	97	1	1
1980	42 443	37 508	3 469	1 466	88	8	3
1990	70 056	46 507	14 699	8 850	66	21	13
Ocosingo							
1940	11 271	11 205	25	41	99	0	0
1950	13 940	13 803	88	49	99	1	0
1960	19 800	17 877	1 760	163	90	9	1
1970	34 356	28 412	3 988	1 956	83	12	6

1980	69 757	39 249	16 063	14 445	56	23	21
1990	99 405	58 366	27 255	13 784	59	27	14

Palenque

1940	3 455	2 883	30	542	83	1	16
1950	6 206	6 026	108	72	97	2	1
1960	12 416	11 330	503	583	91	4	5
1970	23 205	19 839	2 387	979	85	10	4
1980	35 430	23 945	8 227	3 258	68	23	9
1990	52 607	31 302	13 366	7 939	60	25	15

Chiapas

1940	679 885	655 765	6 736	17 744	96	1	3
1950	907 026	883 937	19 292	3 797	97	2	0
1960	1 210 870	1 122 908	50 877	37 085	93	4	3
1970	1 569 053	1 431 278	75 378	62 397	91	5	4
1980	2 084 717	1 602 594	239 107	243 016	77	11	12
1990	2 710 283	1 832 887	440 520	436 876	68	16	16

* En 1990 corresponde a la población de cinco años o más. Los otros censos tienen como base a la población total.
** Incluye otras religiones, religión insuficientemente especificada y sin religión.
FUENTE: Censos de población y vivienda.

CUADRO 8. *Población ocupada en el sector primario.*
Municipios de la selva lacandona, 1960-1990

Municipio y año	Población base (100%)	Población ocupada en agricultura, ganadería, silvicultura, caza o pesca	
		Número	Porcentaje
Altamirano			
1960	1 590	1 407	88
1970	1 981	1 696	86
1980	3 432	2 647	77
1990	4 080	3 330	82
Las Margaritas			
1960	8 396	7 952	95
1970	8 296	7 289	88
1980	15 012	11 260	75
1990	22 864	19 581	86
Ocosingo			
1960	5 877	5 539	94
1970	7 986	7 275	91
1980	26 070	19 305	74
1990	30 822	26 068	85
Palenque			
1960	3 887	3 361	86
1970	5 535	4 504	81
1980	12 270	7 665	62
1990	16 051	10 511	65
Chiapas			
1960	396 673	316 163	80
1970	402 840	293 152	73
1980	734 047	421 561	57
1990	854 159	498 320	58

FUENTE: Censos de población y vivienda.

tratos de arrendamiento y explotación, y más tarde a través del deslinde y la compra de propiedades.[14]

Junto con los latifundios forestales, los censos consignan grandes explotaciones agropecuarias bajo los rubros de "haciendas" y "fincas". Éstas se localizaban en los bordes de lo que entonces se conocía como "selva"; es decir, en lo que muchos consideraban la "puerta de entrada" a tan inhóspita región. Formaban parte de lo que hemos llamado *franja finquera,* compuesta por haciendas y fincas en manos de capitalistas comitecos y "coletos" (mapa 12). Desde nuestra perspectiva, dicha franja forma parte de lo que consideramos la selva lacandona contemporánea.

En 1910 destacaban fincas como San José La Reforma, con 419 habitantes, y Jotana, con 414. La primera localizada en el Segundo Valle de Ocosingo; en Las Margaritas, la segunda. Estas fincas poseían más población que el pueblo de San Carlos (hoy Altamirano), de apenas 312 habitantes, y casi igual a los 470 habitantes residentes en el pueblo de Palenque.[15]

En los censos de población se habla de "haciendas" y "fincas" hasta 1960 sin distinguir entre unas y otras, pero García de León (1985, t. I, p. 114) sostiene que en Chiapas "desde que se instaura el sistema de servidumbre agraria [a principios del siglo XIX]… la finca será una unidad de producción comparable (mas no idéntica) a la hacienda mexicana".

Además del rubro "haciendas y fincas", aparece en los citados censos una categoría más, la de "ranchos". Para algunos autores resultan hasta cierto punto sinónimos. Así, cuando Montagú (1989: p. 346) habla de tres fincas de Ocosingo, dice: "las fincas son ranchos ganaderos de miles de acres cada uno, poseídos por familias y no por compañías". García de León (*ibid.*) se refiere a las fincas como "latifundios y medianas propiedades". Ambas de propiedad privada, pero distinguibles por la cantidad de hectáreas concentradas y la forma de distribución y organización del trabajo.[16]

---

[14] De Vos (1988*a:* pp. 138, 144, 145, 170, 171 y 172) presenta una serie de cuadros donde se da cuenta de la cantidad de hectáreas que tenían los latifundios forestales hasta 1911.

[15] En 1910 las localidades mayores eran la villa de Ocosingo con 1 406 habitantes y el pueblo de Las Margaritas con 1 401.

[16] García de León ve a la finca como parte de un sistema de explotación y dominio mayor que encuentra su génesis en el porfiriato y aun en la Colonia. Montagú realiza un estudio sincrónico de tres fincas del valle de Ocosingo, realzando el análisis de la organización social y las formas de ejercicio de la autoridad.

MAPA 12. *El Desierto del Lacandón y la franja finquera. Siglo* XIX

FUENTES: Información de campo; De Vos, 1988 *b*: 43; SRA, 1992.

Las fincas y ranchos concentraban entre 80 y 90% de la población total existente en 1910; pero, según cifras de los censos posteriores, las fincas perdieron importancia (cuadro 9). Por una parte, la información oral afirma su persistencia hasta los años sesenta y aun en la década de los setenta. Y por la otra, debe advertirse que ante los movimientos revolucionarios, agraristas y de colonización las fincas se fraccionaron, pero sin salir del control real de la familia propietaria. Así, con frecuencia resultó que lo registrado como "finca" en un censo, al siguiente apareció como "rancho", al tiempo que aparecían registros de otros ranchos surgidos del fraccionamiento de dicha finca.

Un caso poco común, pero que llegó a darse, fue la compra parcial o total de la finca por los trabajadores. Entonces, en el siguiente registro censal, dicho predio recibía el mismo nombre, pero antecedido de la clasificación "rancho". Lo anterior explica el considerable aumento de ranchos entre 1910 y 1960 (cuadro 10).

Las familias porfirianas propietarias de fincas y ranchos en los departamentos de Chilón, Palenque y Comitán aparecen en la lista que elaboró García de León e intituló "La familia chiapaneca" (1985: 205). Muchas de ellas aún sobresalen política, social y económicamente como muestra de continuidad histórica, aunque ahora han diversificado sus inversiones vinculándolas a actividades relacionadas con la colonización agropecuaria y con el crecimiento urbano de las cabeceras municipales.

Según información del trabajo de campo, muchas de las fincas de Ocosingo, Altamirano y Las Margaritas estaban dedicadas a la cría de ganado y a la producción de panela, maíz y frijol. La producción se vendía en Comitán, adonde era transportada a lomo de mula por los trabajadores de la finca; o bien, se vendía a arrieros dedicados ex profeso al comercio de tales productos. También podía venderse directamente a las monterías. Entonces, los peones de la finca cargaban "a lomo" los sacos de maíz, frijol o panela, y "cortando selva" llevaban las mercancías al centro montero.

Yo no trabajé llevando cosas a la montería, pero mi abuelo sí... el patrón y el dueño de la montería hacen el trato... luego mandan a la gente a que entregue lo que va a necesitar... lo llevan en la espalda... cargado... no, no hay caballo ni mula... sólo lleva un machete para cortar... es pura selva, no como ahora, que hay una colonia y otra y otra... (Raúl Rivas, 80 años, ejido Betania, municipio de Ocosingo, noviembre de 1991).

CUADRO 9. Población según tipo de localidad. Municipios de la selva lacandona, 1910-1960

Municipio y año	Población total (100%)	Números absolutos				Números relativos			
		Pueblos, villas y ciudades	Haciendas, fincas y monterías	Ranchos	Mini-fundios*	Pueblos, villas y ciudades	Haciendas, fincas y monterías	Ranchos	Mini-fundios
Altamirano									
1910	5 364	312	3 993	1 059	0	6	74	20	0
1921	2 794	235	431	2 052	76	8	15	73	3
1930	4 759	382	2 024	1 857	496	8	43	39	10
1940	5 465	492	1 858	1 237	1 878	9	34	23	34
1950	4 655	1 122	699	1 069	1 765	24	15	23	38
1960	5 783	1 318	0	1 717	2 748	23	0	30	48
Las Margaritas									
1910	8 413	1 401	5 996	778	238	17	71	9	3
1921	10 207	946	4 718	4 543	0	9	46	45	0
1930	10 642	1 322	4 236	2 455	2 629	12	40	23	25
1940	14 033	1 383	2 172	1 600	8 878	10	15	11	63
1950	18 390	3 007	1 699	1 596	12 088	16	9	9	66
1960	24 689	4 127	1 859	3 307	15 396	17	8	13	62

Ocosingo

Año									
1910	8 946	1 406	3 859	3 681	0	16	43	41	0
1921	5 797	994	1 573	3 230	0	17	27	56	0
1930	14 795	2 357	1 942	4 869	5 627	16	13	33	38
1940	11 271	2 276	1 473	4 169	3 353	20	13	37	30
1950	13 940	2 971	1 406	5 015	4 548	21	10	36	33
1960	19 800	6 094	1 766	6 886	5 054	31	9	35	26

Palenque

Año									
1910	2 400	470	1 660	270	0	20	69	11	0
1921	1 291	433	0	132	726	34	0	10	56
1930	1 652	522	0	0	1 130	32	0	0	68
1940	3 455	560	567	221	2 107	16	16	6	61
1950	6 206	942	366	591	4 307	15	6	10	69
1960	12 412	1 611	182	229	10 390	13	1	2	84

* Rancherías, colonias agrícolas, congregaciones, ejidos, etcétera.

FUENTE: Censos de población y vivienda.

CUADRO 10. *Número de localidades según categoría. Municipios de la selva lacandona, 1910-1960*

Municipio y año	Pueblos y villas	Haciendas y fincas	Ranchos	Rancherías	Total
Altamirano					
1910	1	23	21	0	45
1921	1	3	28	2	34
1930	1	18	42	2	63
1940	1	14	36	1	52
1950	1	10	28	2	41
1960	1	0	51	1	53
Las Margaritas					
1910	1	32	18	1	52
1921	1	28	71	0	100
1930	1	31	48	6	86
1940	1	26	42	9	78
1950	1	15	53	8	77
1960	1	21	89	9	120
Ocosingo					
1910	1	21	77	0	99
1921	1	8	66	0	75
1930	6	17	118	91	232
1940	5	17	118	35	175
1950	4	19	144	48	215
1960	5	19	230	66	310
Palenque					
1910	1	26	19	0	46
1921	1	0	10	4	15
1930	1	0	0	16	17
1940	1	16	7	18	42
1950	1	11	24	16	52
1960	1	16	33	20	70

FUENTE: Censos de población y vivienda.

Porteros, meseros, baldilleros, horneros y vaqueros eran traba-jadores de la finca.[17] Algunos estaban al servicio de la "casa grande" y vivían al abrigo de sus muros; otros se agrupaban en caseríos circunscritos a las tierras del patrón. Según Montagú (1989: 347), hacia fines de los años cincuenta y principios de los sesenta cada finca podía tener una economía y gobierno particu-lares, así como una reputación propia.[18]

En lo que hoy se conoce como Primer Valle de Ocosingo y cañada de Patihuitz, una finca se sucedía a la otra. Tal es el caso de Las Delicias, Santa Rita, El Rosario, La Martinica, El Xaac, El Porvenir, Chapayal, Santa Marta y Quexil, San Antonio, Chajta-jal y la finca La Codicia. Su proximidad permitió que se dieran relaciones entre sus trabajadores a través del compadrazgo, la amistad y el matrimonio. Se tejió de tal manera una red social tan amplia, que se mantuvo en el momento de la colonización selva adentro.

Por parte de los finqueros los lazos de parentesco se reforzaron entre los miembros de "la familia chiapaneca", mientras que el capital fluía del departamento de Comitán al de Chilón, y vice-versa. Para explicar cabalmente tal asunto, habría que remontar el tiempo hasta el porfiriato, y quizá hasta la implantación de la ha-cienda dominica colonial, cuya propiedad pasó a manos privadas entre 1860 y 1865, después de la Reforma juarista que expulsó a los frailes del país, como anota Montagú (op. cit., p. 346).[19]

[17] Según información oral, llamábase meseros a los trabajadores que laboraban dos semanas en tierras del patrón y las otras en tierras por él otorgadas para sem-brar maíz y frijol, aunque dichos meseros de todas maneras recibían "a cuenta" éstos y otros productos, con lo cual se endeudaban; ello les impedía abandonar en cualquier momento la finca. "Baldillero" llamábase al trabajador que laboraba sólo una semana con el patrón y las otras trabajaba en las parcelas que éste le permitía usufructuar sembrando frijol y maíz para el autoconsumo. Dichos traba-jadores habitaban dentro de los límites de la finca pero podían emigrar en cual-quier momento. "Horneros" llamábase a quienes se encargaban de cortar y moler caña, además de preparar "la panela" (piloncillo o panocha). Estos trabajadores recibían un salario diario. Laboraban tres semanas, día y noche; la cuarta la dedi-caban al cuidado de su milpa y frijolar.

[18] "Los de Chajtajal [eran] considerados excepcionalmente limpios, ordenados y buenos trabajadores; los del Rosario eran peleoneros; los de Santa Rita, emprendedores; los de Santa Marta y Quexil muy 'brujos', y los sanantoneros 'muy fiesteros' [pues celebran siete fiestas importantes durante el año]." (Monta-gú, 1989, pp. 347-348).

[19] De las nueve haciendas dominicas más importantes de la cañada de Ocosin-go en 1801 (San Vicente, San Antonio, Dolores, Santa Rita, Rosario, San José, San-

Es importante enfatizar la presencia de la finca como sistema económico y de dominación, eje sobre el que se constituyó la vida regional. Tal sistema de explotación alternó con las monterías en su época de oro y con su decaimiento paulatino, con la explotación chiclera y de caucho y con la formación de las primeras colonias agrícolas después de la Revolución y ya entrado el cardenismo. Todo ello influyó en la forma, el tiempo y la dirección que adoptó la colonización campesina.

La organización social se refleja en los datos de tenencia de la tierra y de población, según el tipo de localidades hasta el censo de 1960, como ya se mostró. Sin embargo, contar con estos datos es suficiente para observar la disminución de la importancia de las grandes propiedades.

La población residente en haciendas, fincas y monterías disminuyó en forma drástica en el decenio de la Revolución para jamás recuperarse. Por el contrario, continuó su descenso hasta 1960. Ocosingo tenía en 1910 la mitad de su población en fincas y haciendas, y llegó a 1960 con menos de 10%. Las Margaritas quedó con una proporción similar, mientras Altamirano y Palenque quedaron sin nada (cuadro 9).

Los censos agropecuarios refuerzan la tendencia marcada por los censos de población. Muestran una clara disminución de la gran propiedad censada entre 1950 y 1970. En 1970 se localizaron en los cuatro municipios 92 predios con más de 500 hectáreas, cuando 20 años atrás se había censado casi el doble con una superficie 10 veces mayor (cuadro 11).

Paralelamente a la disminución de la gran propiedad entre 1950-1970, se decretó 43% de las resoluciones presidenciales de dotación, ampliación o restitución de tierras. Antes se habían dado sólo 10% y posteriormente el 47% restante (cuadro 12).

De 1930 a 1991 se hicieron cerca de 600 entregas de tierra en los cuatro municipios. Se benefició a casi 30 000 campesinos (cuadro 13) y se repartieron cerca de 900 000 hectáreas, sin contar las 614 321 restituidas a la Comunidad Lacandona en 1971 (cuadro 14).

---

to Tomás, Quexil y Rancho Mateo), muchos predios conservaron su nombre al pasar a propiedad privada. Algunas aumentaron de tamaño mediante la compra de terrenos nacionales (García de León, *op. cit.*, y Montagú, *op. cit.*).

CUADRO 11. *Concentración total de la tierra censada (ejidal y privada) en predios privados mayores a 500 ha. Municipios de la selva lacandona, 1950 y 1970*

Municipio y año	Total de predios censados (100%)	Predios privados mayores de 500 ha		Superficie censada total (ha) (100%)	Superficie en predios privados mayores de 500 ha	
		Número	*%*		*Número*	*%*
Altamirano						
1950	64	27	42	69 098	47 431	69
1970	263	18	7	84 906	18 343	22
Las Margaritas						
1950	488	20	4	124 133	21 302	17
1970	784	7	1	211 741	11 314	5
Ocosingo						
1950	323	75	23	886 902	842 472	95
1970	920	34	4	525 606	53 111	10
Palenque						
1950	325	39	12	213 973	173 503	81
1970	915	33	4	217 742	30 000	14
Chiapas						
1950	34 057	805	2	4 855 674	2 243 127	46
1970	33 152	476	1	4 763 854	499 769	10

FUENTE: Censos agrícola-ganadero y ejidales.

CUADRO 12. *Acciones agrarias.* Municipios de la selva lacandona, 1930-1991*

Periodo**	Números absolutos					Números relativos				
	Altamirano	Las Margaritas	Ocosingo	Palenque	Total	Altamirano	Las Margaritas	Ocosingo	Palenque	Total
1930-1939	0	10	2	1	13	0	5	1	1	2
1940-1949	2	36	2	2	42	6	17	1	2	8
1950-1959	12	36	12	9	69	39	17	6	8	12
1960-1969	12	43	63	59	177	39	20	30	54	31
1970-1979	1	18	22	18	59	3	8	10	16	11
1980-1989	4	71	110	21	206	13	33	52	19	36
1990-1991	0	1	1	0	2	0	0	0	0	0
TOTAL	31	215	212	110	568	100	100	100	100	100

* Acciones agrarias: dotación, ampliación, constitución de nuevos centros de población ejidal y restitución de bienes comunales.
** Los datos están ordenados a partir de las fechas de resolución presidencial. En los años treinta se dieron los primeros repartos.
FUENTE: Secretaría de la Reforma Agraria.

CUADRO 13. *Número de beneficiados por el reparto agrario. Municipios de la selva lacandona, 1930-1991*

Periodo*	Números absolutos					Números relativos				
	Altamirano	Las Margaritas	Ocosingo	Palenque	Total	Altamirano	Las Margaritas	Ocosingo	Palenque	Total
1930-1939	0	1 122	177	62	1 321	0	13	1	1	4
1940-1949	127	1 656	160	104	2 047	10	19	1	2	7
1950-1959	479	1 093	541	448	2 561	37	13	4	8	9
1960-1969	359	1 320	3 976	3 321	8 976	28	15	28	60	30
1970-1979	26	513	2 626	933	4 098	2	6	19	17	14
1980-1989	295	2 992	6 517	666	10 470	23	34	47	12	36
1990-1991	0	18	38	0	56	0	0	0	0	0
TOTAL	1 286	8 714	14 035	5 534	29 529	100	100	100	100	100

* Los datos están ordenados de acuerdo con la fecha de resolución presidencial. En los años treinta se dieron los primeros repartos.
FUENTE: Secretaría de la Reforma Agraria.

Cuadro 14. *Reparto agrario: hectáreas entregadas en los municipios de la selva lacandona, 1930-1991*

Periodo*	Números absolutos					Números relativos				
	Altamirano	Las Margaritas	Ocosingo	Palenque	Total	Altamirano	Las Margaritas	Ocosingo	Palenque	Total
1930-1939	0	11 241	5 007	1 000	17 248	0	4	0	1	1
1940-1949	4 795	48 946	1 832	4 484	60 057	11	19	0	3	4
1950-1959	18 962	48 550	25 251	8 224	100 987	43	18	3	6	7
1960-1969	16 237	64 650	97 584	91 093	269 564	37	25	10	63	19
1970-1979	620	13 733	650 335	21 356	686 044	1	5	65	15	47
1980-1989	3 451	74 838	216 645	17 841	312 775	8	29	22	12	22
1990-1991	0	322	534	0	856	0	0	0	0	0
TOTAL	44 065	262 280	997 188	143 998	1 447 531	100	100	100	100	100

* Los datos están ordenados de acuerdo con la fecha de resolución presidencial. En los años treinta se dieron los primeros repartos.
FUENTE: Secretaría de la Reforma Agraria.

El censo agropecuario de 1970 registró como propiedad ejidal más de 738 000 hectáreas, mientras la propiedad privada resultó apenas mayor a 300 000. Es decir, dos terceras partes de la tierra son ejidales al menos desde 1970 (cuadro 15).

La existencia de dos terceras partes de la tierra como ejidal frente a sólo una tercera parte de propiedad privada, supone un cambio en el eje de la vida social. La finca pierde su lugar frente al ejido y sale, al menos en términos cuantitativos, de los censos. Sin embargo, es necesario preguntar por las particularidades productivas del ejido y la mediana propiedad privada, sobre sus características y su relevancia en cada renglón.

CUADRO 15. *Superficie según el tipo de propiedad. Municipios de la selva lacandona, 1950 y 1970*

Municipio y año	Números absolutos (ha)			Números relativos (%)	
	Total (100%)	Privada	Ejidal	Privada	Ejidal
Altamirano					
1950	69 098	52 307	16 791	76	24
1970	84 906	41 801	43 105	49	51
Las Margaritas					
1950	124 133	56 390	67 743	45	55
1970	211 741	36 528	175 214	17	83
Ocosingo					
1950	886 902	875 607	11 295	99	1
1970	525 606	123 097	402 510	23	77
Palenque					
1950	213 973	204 418	9 555	96	4
1970	217 742	99 343	117 698	46	54
Chiapas					
1950	4 855 674	3 604 382	1 251 292	74	26
1970	4 763 854	2 096 443	2 667 414	44	56

FUENTE: Censos agrícola-ganadero y ejidales.

Explotación agropecuaria

El municipio de Altamirano vio acrecentada su tierra ejidal de una cuarta parte, en 1950, a la mitad de la tierra censada en 1970.[20] Sin embargo, los ejidatarios sólo controlaban 39% de los pastos naturales en 1970, apenas 2% de los cultivados y 14% del ganado bovino. En cambio, los predios privados de cinco hectáreas o más, con la mitad de la superficie censada, concentraban 61% del pasto natural, 98% del cultivado y 73% del ganado (cuadros 16, 17, 18 y 19).

Las Margaritas aumentó su tierra ejidal de 55 a 83%. Pero sus ejidatarios sólo tenían 47% del pasto natural, 46% del cultivado y 34% de los bovinos. Igual que los ejidatarios de Altamirano, el ganado y la superficie que dedicaban a su crianza era proporcionalmente menor a la tierra que poseían en total, mientras que los ganaderos privados reunían ganado y pastos en proporción mayor a la superficie que concentraban: 17% de la tierra censada, pero estaba en sus manos más de la mitad del total de los pastos naturales y cultivados y 25% de los vacunos.

Los ejidatarios de Ocosingo pasaron de la casi inexistencia en 1950 a concentrar tres cuartas partes de la tierra censada en 1970. Pero igual que en los otros municipios, en términos relativos tenían menos ganadería. Si bien también contaban con tres cuartas partes del pasto natural, sólo reunían menos de la mitad de la pradera censada y apenas 14% de las vacas. A su vez, los propietarios privados se parecían a sus vecinos de los otros municipios de la selva. Con una cuarta parte de la tierra, controlaban una proporción similar de zacate natural, el doble de pradera y casi cuatro veces más ganado. Eso, en comparación con Las Margaritas, habla de una intensificación de la bovinocultura. Es decir, más animales por hectárea.

Palenque también pasó de la ausencia de ejido en 1950 a tener poco más de la mitad de la superficie censada en predios de tal naturaleza en 1970, pero los ejidatarios prácticamente desconocían los pastos naturales, las praderas y el ganado de su posesión.

---

[20] La tierra privada está registrada fundamentalmente en predios de cinco hectáreas o más. Los menores de cinco hectáreas en ningún municipio alcanzan 1 por ciento (cuadro 16).

CUADRO 16. *Superficie según el tipo de predios* de la clasificación censal. Municipios de la selva lacandona; 1950 y 1970*

Municipio y año	Números absolutos			Números relativos (%)		
	Total (100%)	Más de 5 ha	Menos o igual a 5 ha	Ejidal	Más de 5 ha	Menos o igual a 5 ha	Ejidal
Altamirano							
1950	69 098	52 294	13	16 791	76	0	24
1970	84 906	41 794	7	43 105	49	0	51
Las Margaritas							
1950	124 133	56 114	276	67 743	45	0	55
1970	211 741	36 034	494	175 214	17	0	83
Ocosingo							
1950	886 902	875 553	54	11 295	99	0	1
1970	525 606	123 007	90	402 510	23	0	77
Palenque							
1950	213 973	204 418	0	9 555	96	0	4
1970	217 041	99 330	13	117 698	46	0	54
Chiapas							
1950	4 855 674	3 567 489	36 893	1 251 292	73	1	26
1970	4 763 854	2 078 656	17 784	2 667 414	44	0	56

* Las propiedades de más de cinco hectáreas y las de menos o igual a cinco hectáreas son privadas.
FUENTE: Censos agrícola-ganadero y ejidales.

CUADRO 17. *Distribución del pasto natural según el tipo de productor.**
Municipios de la selva lacandona, 1950 y 1970

Municipio y año	Pasto natural en llanuras y cerros						
	Números absolutos (ha)				Números relativos (%)		
	Total (100%)	Más de 5 ha	Menos o igual a 5 ha	Ejidal	Más de 5 ha	Menos o igual a 5 ha	Ejidal
Altamirano							
1950	10 674	5 607	0	5 067	53	0	47
1970	24 657	15 038	0	9 619	61	0	39
Las Margaritas							
1950	49 857	21 943	0	27 914	44	0	56
1970	31 665	16 811	122	14 732	53	0	47
Ocosingo							
1950	85 325	80 485	7	4 833	94	0	6
1970	200 174	42 350	41	157 782	21	0	79
Palenque							
1950	41 872	38 788	0	3 084	93	0	7
1970	13 699	13 699	0	0	100	0	0
Chiapas							
1950	1 404 444	1 005 394	366	398 684	72	0	28
1970	1 203 344	646 844	1 567	554 933	54	0	46

* Las propiedades de más de cinco hectáreas y las de menos o igual a cinco hectáreas son privadas.
FUENTE: Censos agrícola-ganadero y ejidales.

CUADRO 18. *Distribución de las praderas cultivadas según tipos de productor**
Municipios de la selva lacandona, 1950 y 1970

Municipio y año	Praderas cultivadas						
	Números absolutos (ha)				Números relativos (%)		
	Total (100%)	Más de 5 ha	Menos o igual a 5 ha	Ejidal	Más de 5 ha	Menos o igual a 5 ha	Ejidal
Altamirano							
1950	0	0	0	0	0	0	0
1970	4 234	4 138	0	97	98	0	2
Margaritas							
1950	0	0	0	0	0	0	0
1970	1 606	862	2	742	54	0	46
Ocosingo							
1950	0	0	0	0	0	0	0
1970	33 293	15 768	3	17 522	47	0	53
Palenque							
1950	0	0	0	0	0	0	0
1970	58 144	56 393	13	1 738	97	0	3
Chiapas							
1950	0	0	0	0	0	0	0
1970	742 577	554 887	874	186 816	75	0	25

* Las propiedades de más de cinco hectáreas y las de menos o igual a cinco hectáreas son privadas.
FUENTE: Censos agrícola-ganadero y ejidales.

CUADRO 19. *Distribución del ganado bovino según el tipo de productor.* *
Municipios de la selva lacandona, 1950 y 1970

Municipio y año	Ganado bovino						
	Números absolutos (cabezas)				Números relativos (%)		
	Total (100%)	Más de 5 ha	Menos o igual a 5 ha**	Ejidal	Más de 5 ha	Menos o igual a 5 ha	Ejidal
Altamirano							
1950	4 846	3 494	803	549	72	17	11
1970	14 293	10 474	1 807	2 012	73	13	14
Las Margaritas							
1950	4 050	1 791	114	2 145	44	3	53
1970	19 353	4 817	7 869	6 667	25	41	34
Ocosingo							
1950	14 991	13 860	1 122	9	92	7	0
1970	33 931	28 853	426	4 652	85	1	14
Palenque							
1950	15 071	13 766	228	1 077	91	2	7
1970	73 239	58 870	11 789	2 601	80	16	4
Chiapas							
1950	480 308	345 012	43 405	91 891	72	9	19
1970	1 249 326	779 703	238 724	230 899	62	19	18

* Las propiedades de más de cinco hectáreas y las de menos o igual a cinco hectáreas son privadas.
** Incluye ganado en poblaciones.
FUENTE: Censos agrícola-ganadero y ejidales.

En ningún caso tenían más de 3 o 4%. Los propietarios privados, al contrario, con menos de la mitad de la superficie total, concentraban todo el pasto natural, casi todo el cultivado y 80% de los bovinos. Esto tiene que ver con la cercanía del desarrollo pecuario de Tabasco y la expansión de su capital a tierra chiapaneca.

Las tendencias que se dieron en los cuatro municipios entre 1950 y 1970 fueron en aumento: creció exorbitantemente la superfice ejidal y el zacate natural fue cada vez más controlado por los propietarios privados. Con la implantación de pastos cultivados se intensificó el uso del potrero y la concentración del inventario bovino. Es decir, se consagró la vocación ganadera-comercial de los propietarios privados, mientras que los ejidatarios se refugiaron en los cultivos de autoconsumo.

Dichos ejidatarios tenían, en 1970, una proporción reducida de praderas y la mayor parte de su tierra de labor dedicada a cultivos anuales, fundamentalmente maíz y frijol. Los propietarios privados, a la inversa, dedicaban toda su tierra de labor a la ganadería en praderas inducidas (cuadros 20 y 21).

Ahora bien, al parecer esta última tendencia se generalizó en los años setenta y ochenta, incluso entre los ejidatarios.[21] Se observa cada vez una mayor orientación de los campesinos a la ganadería y la caficultura. Precisamente en esos años se dio gran impulso a estas actividades a través de programas de apoyo técnico, comercial y crediticio, aunque la participación del Banco Rural (Banrural) y del Instituto Mexicano del Café (Inmecafé) resultó marginal en la consolidación de tales actividades. Éstas fueron fundamentalmente impulsadas por el capital privado bajo contratos "al partido" en lo que respecta a la producción y la compra "al tiempo" en la comercialización.

Una encues·a practicada en 1990 entre unas 3 500 familias de ejidatarios y algunos minifundistas privados de Las Cañadas de Ocosingo muestra su incorporación a la caficultura, pero sobre todo a la dinámica ganadera, pues ocupan la mayor parte de sus tierras con praderas. Tal estudio reportó como pasto cultivado 80% del total. Además, mostró que las praderas casi cubren

---

[21] Lo que sucedió de 1970 a la fecha podremos estudiarlo en el nivel censal cuando salgan los resultados de 1990, cuyos datos se levantaron a mediados de 1991. Con seguridad éstos mostrarán lo que registran fuentes parciales ya a la mano.

CUADRO 20. *Importancia relativa del maíz, frijol, café y praderas en la superficie de labor. Municipios de la selva lacandona, 1950 y 1970*

Municipio y año	Superficie de labor* (ha)					Distribución porcentual			
	Total	Maíz y frijol**	Café	Praderas cultivadas	Resto	Maíz y frijol	Café	Praderas cultivadas	Resto
Altamirano									
1950	2 253	1 737	404	0	112	77	18	0	5
1970	12 700	5 673	842	4 234	1 951	45	7	33	15
Las Margaritas									
1950	6 290	5 890	104	0	296	94	2	0	4
1970	30 404	13 578	2 791	1 606	12 429	45	9	5	41
Ocosingo									
1950	4 954	3 878	854	0	222	78	17	0	5
1970	52 659	11 243	1 752	33 293	6 371	21	3	63	13
Palenque									
1950	1 235	1 018	16	0	201	82	1	0	17
1970	72 707	9 637	6	58 144	4 920	13	0	80	7
Chiapas									
1950	366 477	250 748	64 109	0	51 620	68	17	0	15
1970	1 801 435	411 545	140 352	742 577	506 961	23	8	41	28

* En 1950 sólo se incluye la superficie cosechada.
** Incluye maíz solo, maíz intercalado como cultivo principal y frijol solo.
FUENTE: Censos agrícola-ganadero y ejidales.

CUADRO 21. *Distribución porcentual de cultivos anuales, plantaciones y praderas según el tipo de productor.* Municipios de la selva lacandona, 1950 y 1970*

Municipio y año	Más de 5 ha			Menos o igual a 5 ha			Ejidal		
	Cultivos anuales	Frutas, agaves y plantaciones	Pasto cultivado	Cultivos anuales	Frutas, agaves y plantaciones	Pasto cultivado	Cultivos anuales	Frutas, agaves y plantaciones	Pasto cultivado
Altamirano									
1950	72	28	0	100	0	0	94	6	0
1970	24	16	61	100	0	0	97	1	2
Las Margaritas									
1950	94	6	0	99	1	0	98	2	0
1970	63	12	26	98	2	1	82	15	3
Ocosingo									
1950	78	22	0	89	11	0	96	4	0
1970	12	8	80	54	23	23	41	6	53
Palenque									
1950	99	1	0	0	0	52	11	37	—
1970	2	0	98	0	0	100	87	0	13
Chiapas									
1950	62	38	0	79	21	0	66	12	22
1970	27	9	64	62	31	7	65	15	20

* Las propiedades de más de cinco hectáreas y las de menos o igual a cinco hectáreas son privadas.
FUENTE: Censos agrícola-ganadero y ejidales.

60% de la superficie trabajada en 1990, mientras maíz y frijol apenas ocupan 30% y los cafetales 10 por ciento.[22]

Apunte final

En resumen, entre 1950 y 1970, e incluso hasta 1990, se da un proceso de colonización, con un crecimiento poblacional muy por encima de la media estatal y con una gran diversificación social en términos lingüísticos y religiosos. En ese marco aumentó considerablemente la superficie de labor en los cuatro municipios (cuadro 22). Al mismo tiempo, cambió la composición porcentual de los cultivos. El crecimiento de la superficie de labor fue en favor de las praderas inducidas y en detrimento de los cultivos anuales y los de plantación (cuadro 23). Es decir, en detrimento de maíz, frijol y café, cuyo crecimiento absoluto fue insuficiente para sostener su importancia relativa (cuadro 20).

Tal proceso se dio a la par de la pérdida de preeminencia de la finca como eje de la dinámica regional en favor del ejido. La finca, al tiempo que expulsó población, se fraccionó en infinidad de ranchos cuya población mantuvo un crecimiento inferior al aumento de tales predios; la mano de obra liberada fundó colonias selva adentro (cuadros 9, 10, 11 y 12).

El capital privado cambió el control absoluto de la tierra por la explotación de los predios poseedores de mayor infraestructura y por actividades más rentables; incursionó en la ganadería "al partido" y en la compraventa de bovinos y café. Es decir, la influencia del agrocapital siguió vigente, como refleja la propia colonización de la selva.

La expansión ganadera cambió el patrón de uso del suelo en las fincas. Se dejó de emplear peones acasillados, quienes, a más de realizar diversas labores, reclamaban tierra de la finca para sembrar su maíz y frijol. En su lugar se reclutaron vaqueros libres y jornaleros asalariados para limpiar los potreros, pues dejó de ser interés de los empresarios ocupar sus predios con las siembras de autoconsumo de los peones. En tales parcelas se implan-

---

[22] El zacate inducido o natural representa 26% del total de tierra dotada, y 20% se ocupa en otros cultivos. Es decir, la superficie cultivada en 1990 fue de 46% del total. Si a ésta se suman los acahuales, se obtiene el total de tierra desmontada.

CUADRO 22. *Importancia de la superficie de labor* respecto a la censada. Municipios de la selva lacandona, 1950 y 1970*

Municipio y año	Superficie total (ha)	Superficie de labor	
		ha	%
Altamirano			
1950	69 098	2 253	3
1970	84 906	12 700	15
Las Margaritas			
1950	124 133	6 290	5
1970	211 741	30 404	14
Ocosingo			
1950	886 902	4 954	1
1970	525 606	52 659	10
Palenque			
1950	213 973	1 235	1
1970	217 042	71 707	33
Chiapas			
1950	4 855 674	366 477	8
1970	4 763 854	1 801 435	38

* En 1950 sólo se incluye la superficie cosechada.
FUENTE: Censos agrícola-ganadero y ejidales.

taron praderas más productivas, aptas para la ganadería. Ello produjo la saturación del sistema y, por lo tanto, la necesidad de expandir la frontera mediante la colonización campesina.

En el proceso de colonización campesina se distinguen dos momentos. El primero se inicia en los años treinta y abarca hasta los cincuenta; durante esas décadas los emigrantes de las fincas fundan colonias agrícolas en la cercanía de los poblados sin penetrar la profundidad de la selva. Estos primeros ejidatarios impulsaron el mismo patrón de cultivo de la finca, el cual privilegiaba el uso del suelo para la ganadería. De tal modo, pronto saturaron las tierras tempranamente arrancadas a la selva. Tal saturación originó el inicio del segundo momento de colonización, que se caracterizó por estar dirigido selva adentro, con los resultados ya conocidos.

Chiapas, 1991

CUADRO 23. *Distribución de la superficie de labor* según el tipo de cultivo. Municipios de la selva lacandona, 1950 y 1970*

Municipio y año	Total (100%)	Números absolutos (ha)			Números relativos (%)		
		Cultivos anuales	Frutales, agaves y plantacs.	Pasto cultivado	Cultivos anuales	Frutales, agaves y plantacs.	Pasto cultivado
Altamirano							
1950	2 253	1 820	433	0	81	19	0
1970	12 700	7 336	1 130	4 234	58	9	33
Las Margaritas							
1950	6 290	6 078	212	0	97	3	0
1970	30 404	24 386	4 412	1 606	80	15	5
Ocosingo							
1950	4 954	4 029	925	0	81	19	0
1970	52 659	15 788	3 578	33 293	30	7	63
Palenque							
1950	1 235	1 137	98	0	92	8	0
1970	71 707	13 494	69	58 144	19	0	81
Chiapas							
1950	366 477	270 037	96 440	0	74	26	0
1970	1 801 435	837 208	221 650	742 577	46	12	41

* En 1950 sólo se incluye la superficie cosechada.
FUENTE: Censos agrícola-ganadero y ejidales.

LACANDONIA BABILONIA*

AL REFERIRSE hoy a la Lacandona, vienen a la mente de manera
inevitable dos fenómenos: el exterminio y la depredación. Quién
no conoce la declaración del Grupo de los Cien donde se afirma:

> ...según un estudio del doctor Jeffrey Wilkerson, la selva lacandona
> sufre un ritmo de destrucción mayor y más rápido que el de la Ama-
> zonia... Lo que tomaba 50 años para destruirse, ahora toma un año.
> Con este ritmo de destrucción, la selva corre el peligro de desaparecer
> entre los próximos 5 y 10 años (1990: 7).

Vista desde este ángulo, la situación es alarmante. Pero a pesar
de ello, la Lacandona también es un "todo social" caracterizado
por la diversidad cultural, la complejidad política y la diferenciación económica. Ello es producto de la colonización, que desde fines de los años treinta realizan grupos indígenas y mestizos
del estado y del país en general.

Para el cabal entendimiento de la selva lacandona mucho ayuda preguntarnos ¿cómo se construyen las identidades colectivas
en esta zona de colonización?, ¿cómo se explica su naturaleza actual?, y ¿qué peculiaridades presenta *lo indio* en las últimas siete
décadas de vida de la Lacandona (1930-1990)?

Destacan como momentos álgidos de la colonización las décadas de los años cuarenta, sesenta y setenta, cuya explicación tiene que ver con fenómenos que se dan fuera de ella: la reforma
agraria cardenista, la estructura agraria en el lugar de procedencia, la expansión de la frontera agrícola y la consolidación de la
frontera (política) sur del Estado nacional mexicano.

Sólo así resulta entendible que radiquen en la zona tabasqueños, veracruzanos, michoacanos, quintanarroenses, guerrerenses,
campechanos, poblanos, defeños, duranguenses y mexiquenses.
Y que en un recorrido de campo se encuentren personas cuya len-

* La versión original de este texto se publicó en *Ojarasca*, núm. 24, septiembre
de 1993, México, D. F., pp. 23-28.

gua materna puede ser el náhuatl, chontal, zapoteco, mixe, totonaco, mazateco o chinanteco. A lo anterior hay que agregar las lenguas de Chiapas que caminaron selva adentro: tzeltal, tzotzil, tojolabal, chol, zoque, kanjobal, chuj y mame,[1] por citar las más representativas. Así se entiende mejor el "mosaico cultural" y la complejidad social.

Pensar en lo indígena, en lo étnico o en las identidades colectivas bajo un contexto de colonización como éste, resulta harto difícil. Si bien, *grosso modo* se podría estar de acuerdo en que un grupo étnico se caracteriza por tener en común una lengua, un territorio, una cultura y una cosmovisión; cabe preguntarse qué sucede cuando varios de ellos comparten ese territorio, su localización es heterogénea, hay más de *una* lengua vigente y el acceso y usufructo de la tierra tiene poco o nada que ver con los tradicionales "bienes comunales". Veamos cómo se presenta esto en la Lacandona.

Acerca del mosaico cultural

A diferencia de regiones como Los Altos de Chiapas, en las *colonias* de la Lacandona pueden llegar a coexistir hablantes de diferentes lenguas indígenas, dado que en la mayoría de los casos se reunieron de manera espontánea, para solicitar la tierra, grupos de procedencia diversa. Así sucede en Tierra y Libertad[2] formada por choles de Sabanilla, tzotziles de Huitiupán y tzeltales de Ocosingo. O bien en Nuevo Chapultepec,[3] donde confluyeron tzeltales de Sitalá, Ocosingo y Chilón con tojolabales de Las Margaritas.

La convivencia se da también en el nivel de la vida familiar: tojolabales desposan con tzeltales, choles con tzotziles y estos últimos con tzeltaleras. Asimismo, es frecuente que tzeltaleros de diferentes localidades se casen entre sí: oxchuqueros con bacha-

---

[1] Si quisiéramos mayor detalle en el análisis diríamos que avanzaron sobre la selva: tzeltales y tzotziles de Los Altos; choles y tzeltales del norte; zoques de la depresión central; tojolabales de los valles de Las Margaritas y Comitán, y tzeltales y tzotziles de la zona de transición Altos-selva y de los bordes de esta última.

[2] Localizada en las estribaciones del valle de San Quintín.

[3] Localizada en las laderas de la sierra de San Felipe, en la zona del bajo Perlas.

jontecas o con emigrados del municipio de Chilón. Citemos algunos casos concretos:

Caso 1: La Hermelinda es cholera, pues nació en un barrio de
Tila. Ahí vivía con sus padres, don Diego y doña Catalina. Falto
de tierra dónde sembrar, don Diego salió hacia el rumbo de Sabanilla y llegó a vivir en la colonia El Ceibal,[4] formada principalmente por tzotziles venidos, desde generaciones atrás, de por el
rumbo de San Juan. Por eso la Hermelinda, siendo chol, casó con
un tzotzil.[5]

Caso 2: Don José nació en tierra tojolabal, allá en la finca Santa
Elena,[6] cercana a otras llamadas Livingston, Aurora y Amparo.
Por cuestiones de trabajo avanzó montaña adentro hacia Ocosingo. Iba buscando otro trabajo, salió de una finca donde era mozo
y fue a parar a otra (La Martinica), donde se desempeñó como
baldillano. De todos modos siguió teniendo patrón. Esas tierras
de pinos eran de tzeltales. Allí llegó a vivir y allí casó. Don José
comenta:

Cuando vine primero es *pinca*, pero en la Revolución salimos a los
nacionales, arriba, en el cerro. Como no hay agua tardamos un poco
[20 años] y volvimos a bajar. Se murió el patrón Adán Albores, entonces su hijo pregunta si queremos comprar; compramos así juntos y
bajamos, ya es rancho. Casé en la ermita de la *pinca* Xaac con una tzeltalera... pura tzeltalera hay. Lo sé que tengo comprado un pedazo de
terreno, pero fue la problema que no tengo nombre allí, sólo una persona tiene nombre en ese escrito, no puedo vivirlo. Tengo cinco hijos
y vine a Betania[7] a buscar otros nuevos terrenos; les dije a mis hijos:
para mí ya'stá bueno, pero ustedes no tienen nada. Eran chiquitos,
hablan puro tzeltal; yo tojolabal, entiendo castilla y tzeltal, pero no
devuelvo la palabra (José López, ejido Betania, selva lacandona, Chiapas, 1990).

[4] Colonia ejidal ubicada dentro de los linderos del municipio de Huitiupán
pero muy cercana al poblado de Sabanilla. Nombre actual: ejido Lázaro Cárdenas.
[5] Una excelente narración literaria de la vida errante de los tzotziles y su arri-
bo a la selva se encuentra en Morales (1992*a*).
[6] Propiedad de Jesús Figueroa, localizada en el municipio de Altamirano.
[7] Colonia ejidal ubicada en el valle de San Quintín.

Caso 3:

Primero vivía en ejido El Calvario;[8] ahí puro cholero, pero mi papá no tenía tierra, por eso nos fuimos a Emiliano Zapata.[9] El ingeniero de Asuntos Agrarios nos dijo que en la selva hay tierras para solicitar, era como 1966. Cuando le dieron su parcela a mi papá en Zapata eran puras cuchillas de acahuales, mejor le dije nos fuéramos. Primero salimos de Zapata los jóvenes y solicitamos un Nuevo Centro de Población, llamamos a compañeros tzotziles y tzeltales, era el 1977. Antes casé con una cholera igual que yo, pero ahora casi hablo puro tzeltal. En nuestra comunidad vivimos de tres grupos, cada quien sigue su costumbre. La gente se casa entre grupos y no hay bronca; mis hermanos choles casaron con tzotzil pero hablan castilla. Sus hijos empiezan a hablar castilla, pero también saben tzotzil y chol; es muy bonito cómo se va mezclando, pero no se olvida la costumbre de cada quien. Los niños y las mujeres saben dialectos,[10] por los años juntos lo han aprendido. No hay burla, hay respeto (Enrique Pérez Pérez, ejido Tierra y Libertad, selva lacandona, Chiapas, 1991).

Ciertamente, los hijos de familias plurilingües sufren un proceso de socialización distinto a los de familias con padres monolingües. La tendencia observada es la siguiente: la lengua de la madre se maneja en espacios propios de su dominio, la cocina y la casa-habitación en general. Así fluye la comunicación entre ella y sus hijos. Los esposos, por su parte, dialogan en la lengua del marido, la cual pasa a ser la segunda lengua de la desposada, quien está obligada socialmente a aprenderla.

En el ámbito de la comunidad, el grupo numéricamente mayor presiona para que el medio de comunicación en los espacios públicos (cancha deportiva, iglesia, tienda local o escuela) sea su lengua. Según la subregión de que se trate (mapa 5) pueden ser mayoría los tzeltales, los tojolabales o los mestizos.

Dentro del aula escolar la relación maestro-alumno se da en "castía",[11] no sólo porque el maestro suele venir del "exterior", sino porque son los mismos padres quienes exigen que se capa-

---

[8] Ejido del municipio de Sabanilla.

[9] Colonia ejidal localizada en el valle de San Quintín, a la altura de la confluencia de los ríos Perlas y Jataté.

[10] Se refiere al chol, tzeltal, tzotzil y a "la castía".

[11] Modalidad o forma de hablar el español por parte del indio. Para mayores referencias *cf.* Morales (1984, pp. 37 y 38).

cite a sus hijos en esa lengua, argumentando que, más adelante, en su vida adulta, les resultará muy útil. En este sentido, el español se ve como mecanismo de movilidad social y, por qué no, de "liberación". Por lo tanto, un niño colono maneja una u otra lengua contextualmente: por citar un caso, chol con su madre cholera, tzeltal en su colonia y "castía" con el maestro.

Entre los adultos cabe distinguir cómo se da el proceso por géneros. Las mujeres son monolingües o bilingües, y sólo en zonas con vías de comunicación (me refiero a terracerías, por supuesto) manejan más fluidamente "la castía". Los hombres la usan con mayor o menor dificultad, y muchas veces llegan incluso a ser políglotas. No todos, pero sí muchos. Ello está en relación directa con sus actividades económicas, políticas o religiosas.

Por ejemplo, un tzotzil procedente de las montañas del norte fue elegido en su comunidad selvática cristiana como diácono; pero resulta que tanto la feligresía como su séquito de catequistas hablaban tzeltal. Entonces empezó, a edad adulta, el conocimiento de esa lengua a través de los textos sagrados. Ya antes conocía el chol por boca de su esposa y dominaba "la castía".

Por su parte, un cholero del norte de Chiapas recién llegado a la selva fue motivado por los maristas a laborar como maestro y catequista en las nuevas colonias. El contacto permanente con los religiosos lo llevó a aprender "la castía". Años después, cuando se dio la lucha organizada por la tierra y se formaron uniones ejidales, transformado en líder campesino, se vio precisado a aprender la lengua de sus "hermanos campesinos", en su mayoría tzeltales. Pero a la vez le resultaba familiar el tzotzil, que oía a diario entre los moradores de su localidad.

Ciertamente, la poliglotía se presenta sobre todo entre aquellos indígenas que se han especializado y desempeñan alguna función particular dentro de su comunidad, pero el bilingüismo es común entre los *selváticos*.

Por todos es sabido que Chiapas es el estado de la Federación con *mayor* rezago educativo y con un alto índice de analfabetismo. Según el censo de 1990, de la población estatal de 5 años y más sólo una quinta parte sabe leer y escribir; dichos resultados contrastan con los arrojados por un censo levantado, en el mismo año, en una subregión de la selva, donde un poco más de la mitad de la población declaró saber leer y escribir (ARIC, 1990).

Los datos se refieren a un universo muy pequeño, "Las Cañadas Ocosingo-Altamirano", sin embargo, el fenómeno puede ser extendido a dos zonas que tienen un proceso similar de colonización: Las Cañadas de Las Margaritas y el Corredor de Santo Domingo (zona norte) (mapa 5). El alto índice comparativo de alfabetización es producto de un proceso de educación informal, ya que hasta hace poco han proliferado las escuelas, aunque suele carecerse de maestros, material didáctico, etc. Aprender a leer y escribir en "castía y a hacer cuentas" —como dicen los indios— es resultado de la necesidad de sobrevivencia y de la organización surgida en el nuevo hábitat.

Algunos factores que contribuyen a ese aprendizaje son los cursos de capacitación agraria; las comisiones que se desempeñan dentro de las organizaciones políticas o de productores; los cargos que se adquieren en la comunidad; los cursos de capacitación técnica sobre medicina, cafeticultura o ganadería, y la lectura y reflexión sobre "la palabra de Dios", que practica tanto el predicador como todo miembro de la pastoral católica o de las iglesias evangélicas.

Los agentes que apuntalan este proceso son los asesores políticos, la Iglesia católica, a través de sus parroquias y misiones, y las iglesias evangélicas. En menor, pero en mucho menor grado, contribuyen las agencias de gobierno. Incluso, en las subregiones donde la colonización fue dirigida por el propio Estado, verbigracia la Comunidad Lacandona y Marqués de Comillas, se da una relación inversamente proporcional entre intervención estatal y autogestión de la sociedad local.

Las diferencias subregionales tienen que ver con las formas de colonización y de organización de los colonos. En el nivel de la lengua existen subregiones donde la *lingua franca* es el tzeltal, a pesar de encontrarse otras lenguas coexistiendo con él, tal es el caso de Las Cañadas Ocosingo-Altamirano, de la zona norte y de la Comunidad Lacandona. En cambio, en Las Cañadas de Las Margaritas y en Marqués de Comillas el español hace las veces de *lingua franca*.

Una lengua se impone como *franca* por el número de hablantes y por ser vehículo de expresión que permite la identificación. Así sucedió en Las Cañadas Ocosingo-Altamirano, donde 250 delegados de la Unión de Uniones Ejidales y Sociedades de Producción Rural de Chiapas[12] discuten en tzeltal durante las asambleas generales, regionales y comunales, características de su vida política. ¿Por qué escogieron esa lengua y no otra, si existen parlantes de más de tres lenguas indígenas afiliados a la organización? Entre las causas se encuentra el número elevado de militantes tzeltaleros, pero también el hecho de ser ésa una forma de cohesionarse ante los "otros": los ricos, "los caxlanes", los hablantes de español, los mestizos. De allí que incluso los mestizos afiliados a la organización saben tzeltal. Así pues, en este contexto, la lengua tzeltal puede pensarse como un instrumento de autonomía cultural y política.

Pero como la identidad es siempre situacional, lo que en un momento puede resultar el "otro" socialmente hablando, el "caxlán"-rico frente al indio-colono-marginado, puede expresarse de manera diferente en circunstancias distintas. El "otro", en una comunidad multiétnica de la selva, puede ser el chol frente al tojolabal, quien construye su casa de manera diferente, viste y habla distinto, hace las tortillas distintas; es decir, es el alterno y diferente.

Respecto a esto de la alteridad, podemos decir que en la Lacandona la coexistencia entre indios y "caxlanes"[13] agrega nuevos elementos al fenómeno de construcción permanente de la identidad de ambos grupos socioculturales. Esta coexistencia, que no implica necesariamente convivencia, remite en algunos casos a la vida en las fincas. Ex peones afirman que ellos aprendieron a hablar "castía" porque hacían trabajos en la "casa grande", o que se iniciaron en la vaquería o en la caficultura cuando trabajaron "con patrón".

Otros colonos provenientes de comunidades indígenas de Los Altos vieron intensificarse la relación indio-"caxlán" al emigrar hacia la selva, pues sus comunidades, a principios de siglo, eran núcleos más "autocontenidos", más "cerrados". La selva, en cambio, a pesar de la falta de carreteras, fue y es frecuentada por todo tipo de intermediarios ("caxlanes") de productos agropecuarios.[14]

Estos intermediarios a veces aprenden tzeltal para poder regatear y generar un cierto sentimiento de fraternidad, mismo que

[12] Para mayor detalle, véase el capítulo "Militancia político-religiosa en Las Cañadas", incluido en la presente obra.
[13] "Caxlán" es la denominación que dan los indios a los no indios, a los ladinos-mestizos.
[14] Mercan sobre todo maíz, café, chile y ganado.

utilizan para obtener mejores precios en las mercancías extraídas. Se cruza una *frontera étnica* por una necesidad estratégica económica del entorno y se crea una *identidad asumida* que en muchas ocasiones no rebasa el nivel individual.

El contacto "caxlán"-indio se refuerza gracias a las permanentes migraciones de colonos jóvenes, quienes trabajan temporalmente como jornaleros en terrenos vecinos o como subempleados en ciudades lejanas como Mérida, Cancún, Villahermosa y Tuxtla, y cercanas como Tenosique, Palenque, Ocosingo, Comitán o San Cristóbal. Habría que preguntarse qué pasa con la percepción del mundo, con la autoimagen, tanto de los jóvenes que permanecen en las ciudades como de quienes regresan a su localidad, se casan con una colona *selvática*, siguen hablando su lengua, además de aprender otras, y continúan desempeñando comisiones y cargos.

COLOFÓN

La diáspora de los pueblos indios está originando una configuración étnica, social y política inédita en Chiapas. Su estudio constituye un reto para los científicos sociales, particularmente para los antropólogos, quienes han hecho de lo étnico, lo indígena y la otredad el centro de su análisis. Iniciar nuevas interpretaciones requiere rebasar una serie de nociones construidas a partir de viejas realidades. Requiere crear y recrear conceptos, teorías y metodologías.

En el caso de la selva lacandona, algunos ya han avanzado en el camino, pero aún quedan muchas dudas por despejar. Por ejemplo, ¿qué implica esta convergencia cultural en el nivel de la cosmovisión?, ¿cómo se da en el nivel de la cultura el paso de una lengua mayense a otra?, ¿cuál es el efecto del multilingüismo en los jóvenes?, ¿cuáles son las reglas de matrimonio y parentesco en zonas de colonización influidas por grupos religiosos o políticos diversos?

Los datos folclóricos hablan de cambio y adaptación; pero también de continuidad y persistencia. Ejemplo de ello es encontrar en plena selva, guardado en un canasto de "matamba",[15] el telar

---

[15] Bejuco utilizado por su resistencia y flexibilidad para hacer canastos o amarres de diversa índole.

de cintura de una oxchucteca emigrada, quien sigue hilando vistosos morrales, pero ya no viste el traje tradicional de su matria, sino que porta "galana" el vestido de tzeltalera de Ocosingo. En el poblado vecino, la huixteca venida años atrás llama la atención por el singular traje que continúa usando.

Al mismo tiempo, la segunda generación de nacidos en la selva ve diferentes a sus antecesores y se extraña ante el video que recrea la celebración del carnaval que realizaban sus padres en Bachajón. Señalan que tales fiestas y cargos son inexistentes en su comunidad actual. Incluso muchos de ellos reconocen como punto de origen el momento de la colonización. Pero, a la par, la fiesta del santo patrón se practica en algunos ejidos tal y como se realizaba en las fincas de Ocosingo en la década de los años cincuenta, cuando Montagú (1989) visitó la zona.

El reto es rebasar el registro folclórico del dato, ensayar una interpretación holística de la realidad social que muestre el fenómeno de la identidad como un proceso *permanente*, inacabado, como una constante búsqueda de definición. Vista así, la identidad del colono *selvático* no es unívoca ni estable; no es algo dado y adquirido de una vez y para siempre, sino algo relativo que se manifiesta según el medio y está en permanente reformulación. Las culturas indígenas coexistentes en la Lacandona han mostrado su dinamismo y su capacidad de respuesta a situaciones inéditas.

Chiapas, 1992

ESPACIO Y ORGANIZACIÓN SOCIAL
EN LAS CAÑADAS*

ESTE capítulo tiene por objetivo sustentar nuestra opción meto-
dológica para el estudio de la realidad contemporánea de la selva lacandona: la jerarquización de espacios geográficos y sociales a partir de procesos sociorganizativos.

La retirada de los madereros tabasqueños de la Lacandona
dejó el campo libre a la actividad de nuevos actores y al surgimiento de otra lógica socioespacial. La región se redimensionó
con la acción de colonos campesinos de diferente origen étnico,
compañías madereras del Estado, paraestatales (verbigracia Petróleos Mexicanos), empresarios ganaderos, agentes de pastoral
católicos y protestantes, etc. Todos estos actores fueron protago-
nistas de nuevos procesos sociales.

Por su parte, los campesinos colonizadores se enfrentaron al
poder empresarial de comerciantes intermediarios, de ganaderos
privados y de viejos latifundistas. Debido a su presencia, el área
se convirtió en un escenario multiétnico y en cuna de una nueva
etnicidad en un contexto de frontera política, colonización selvática, lucha por la tierra, diversidad de opciones religiosas y militancia campesina.

El análisis de tal complejidad socioeconómica, étnica, política,
religiosa y natural requiere de un esfuerzo de ordenamiento de
la realidad social y de la jerarquización del espacio para expli-
carnos los procesos que generan cohesión social más allá de la
familia y la comunidad. Es necesario encontrar, en el espacio
micro, la lógica de tales unidades sociales, así como su papel en
un contexto más amplio.

Abogamos por una regionalización de la selva lacandona en
términos de un sistema, tejido espacialmente en torno a lugares
centrales y con una estructura social particular. La estructura nos

* La versión original fue publicada en el *Anuario 1990*, Tuxtla Gutiérrez, Chiapas, Instituto Chiapaneco de Cultura, 1991, pp. 17-49.

dirá la naturaleza de las relaciones que entablan los individuos en el seno de la microrrealidad en que se desempeñan y hacia fuera de ésta. La jerarquización nos hablará de los límites espaciales del área determinada.

A nivel macrorregional, la Lacandona tiene como ejes de referencia las ciudades de Villahermosa, Tuxtla Gutiérrez y San Cristóbal de Las Casas; en estos lugares centrales se toman las decisiones que la afectan. Allí se localizan los poderes estatales, las agencias federales, religiosas y financieras; son arenas donde se ventilan los intereses de organizaciones campesinas y empresariales y se confrontan con las políticas gubernamentales.

En dichos lugares centrales se asientan los capitales interesados en la riqueza de la región, tales como las firmas que distribuyen abarrotes, ropa y herramientas al mayoreo y las que compran los productos agropecuarios que produce la zona con el fin de exportarlos o transformarlos. A este nivel macrorregional, la estructura social se da en términos de la lógica de acumulación de capital y de los lineamientos clasistas.

Ahora bien, en el seno de la Lacandona encontramos una jerarquía espacial inferior tanto en términos de la complejidad de las relaciones sociales como de la territorialidad. A ese nivel inferior lo denominamos *subregión*.

En las subregiones los lugares centrales son las ciudades intermedias de Ocosingo, Tenosique, Palenque, Las Margaritas y Comitán, las cuales constituyen núcleos de áreas de influencia eminentemente rurales. En dichos centros urbanos encuentran asiento las autoridades municipales, los responsables religiosos de los curatos, las asociaciones locales ganaderas y campesinas y los representantes locales de comerciantes de ganado y café.

Es allí donde se da la venta al mayoreo de abarrotes y al menudeo de ropa, herramientas e insumos para la producción; es donde se encuentra atención médica de segundo nivel y centros de educación intermedia. Son puntos de penetración a la selva que cuentan con terminales aéreas y dan origen a las terracerías que comunican la zona.

En este nivel, la estructura social se da en términos del desarrollo capitalista de la región; allí se confrontan los proyectos locales de ocupación del espacio: por un lado, la lógica campesina de subsistencia vinculada marginalmente al mercado; por otro, la lógica de ocupación empresarial representada por los capitales individuales invertidos en la producción y comercialización de ganado y café, fundamentalmente.[1]

En el último nivel encontramos la lógica *microrregional*, representada a partir de localidades eje, poblados o colonias en el interior de la selva con algunos servicios básicos que les dan cierta primacía sobre su entorno. Estos lugares centrales (verbigracia, Altamirano, Zamora Pico de Oro, San Quintín, Benito Juárez y Santo Domingo) cuentan con educación básica completa, varias tiendas con un inventario de mercancías al menudeo (suficiente para cubrir las necesidades inmediatas de su *hinterland)*, pista aérea y, a veces, acceso al camino principal para vehículos. Además, frecuentemente cuentan con alguna clínica o representación del Instituto Nacional Indigenista (INI)[2] y son punto obligado de referencia para los acopiadores de ganado y café.

Dichos ejes microrregionales son el lugar inmediato a donde concurren los individuos en busca de abarrotes y alguna herramienta que no encuentran en su comunidad. Después lo buscarán en el centro de la subregión antes que en otra microrregión. Pero, básicamente, dicha área se estructura por relaciones cara a cara entre los individuos: un adulto conoce la historia de la mayoría de los otros adultos y las distancias entre poblados se pueden recorrer en una jornada. Es el espacio social en donde uno encuentra apoyo para necesidades inmediatas y solución a los requerimientos de ayuda en el trabajo, se busca cónyuge, se participa en las festividades de otras comunidades y, en general, se está vinculado por el parentesco consanguíneo o por afinidad.[3]

En este nivel, la lucha de clases y la búsqueda de la ganancia (que estructura las relaciones en la sociedad capitalista mayor) se muestran mediadas por la lógica de las relaciones personaliza-

---

[1] De la Peña (1980: 38) de alguna manera plantea que podemos hablar estrictamente de una formación regional cuando asistimos a un proceso donde existe un proyecto viable de ocupación del espacio por parte de un grupo local; no así cuando las decisiones económico-políticas que afectan primordialmente al área son tomadas por actores extrarregionales.

[2] Existen oficinas y personal del Instituto Nacional Indigenista (INI) en Santo Domingo (colonia localizada en el corredor que lleva el mismo nombre) y en Zamora Pico de Oro (Marqués de Comillas), por ejemplo.

[3] El conocedor de los estudios de mercado en Los Altos de Guatemala o los de la China rural se habrá dado cuenta que nuestra propuesta de regionalización está en gran deuda con las investigaciones de Smith (1976) y Skinner (1974).

das. En suma, la microrregión es el área donde se da la cohesión social más allá de la propia familia y la comunidad.

Ahora bien, si en el nivel microrregional se da la solidaridad básica, esto no quiere decir que sean espacios homogéneos. Precisamente la riqueza y la complejidad de elementos que conforman los procesos sociales en la selva suponen la heterogeneidad de una unidad elemental y muestran la diversidad microrregional. Podemos encontrar en el seno de una microrregión características naturales contrastantes, diversidad de militancia política, de identidad religiosa y étnica, así como de sistemas productivos. Así lo muestra la subregión Las Cañadas y la microrregión de San Quintín, que a continuación presentamos.

Las Cañadas: una realidad subregional

Esta área de estudio forma parte de lo que ha sido identificado fisiográficamente por Muench (1978) como "Valles y Cañadas Suroccidentales" de la selva lacandona. Es una zona muy montañosa, de sierras altas plegadas con dirección noroeste-sureste, altos paredones rocosos asociados con valles y cañadas, además de áreas planas y lomeríos suaves en las partes bajas, por donde corren los ríos.[4]

Aunque no muy elevada, esta orografía resulta impresionante para el viajero de otras tierras. La sinuosidad es la característica relevante en el panorama: si uno se dirige por terracería desde la ciudad de Ocosingo cañada adentro, seguramente tendrá que cruzar transversalmente la montaña, subir y bajar, a pie o en carro, y así llegar a descansar en alguna colonia donde la noche lo alcance. Luego caminará sobre la margen de algún río, donde hallará otras colonias y ranchos, y en más de una ocasión tendrá que tomar aire para atravesar los enormes potreros de fincas y ejidos.

Ante el viajero surgirán santos y santas, los nombres de las colonias: que San Miguel, que Santa Elena… La Biblia también será motivo de inspiración: ejido Betania, por ejemplo; y no faltarán los nombres de colonias que sólo destaquen algún dato curioso

---

[4] *Cf.* Muench, 1978, y Márquez, 1988.

del lugar: Patihuitz, nombre tzeltal que significa "atrás del cerro", o Agua Zarca, en referencia al azul claro del Jataté. Los menos, aunque también presentes, serán los apelativos de próceres nacionales: ejido Lázaro Cárdenas, Emiliano Zapata o Miguel Hidalgo.

Llama la atención el encajonado de Las Tazas o el amplio valle que se extiende ante los ojos una vez terminada la cañada de Patihuitz. En el extremo noreste encontramos la meseta Jardín, que contribuye a marcar el límite geográfico superior de Las Cañadas; al trasponer tal formación orográfica encontramos el Corredor de Santo Domingo, con su propia dinámica social. Al este, en el extremo, tenemos la Reserva Integral de la Biosfera Montes Azules (RIBMA), y al sureste el Cordón del Chaquistero, conformaciones que separan a Las Cañadas de la Comunidad Lacandona y de la subregión Marqués de Comillas.

Sin embargo, sabemos que Las Cañadas contienen una población mayor a 23 300 habitantes, dato que arrojó el Censo de Población y Producción levantado por la ARIC Unión de Uniones en 1990. Dicho censo recogió información en 100 ejidos, 35 rancherías y dos Sociedades de Producción Rural, de un total de 155 que pertenecían a esa organización campesina, con lo cual se cubrió 88% del total de comunidades afiliadas.

El censo de la ARIC excluye a centros urbanos, como la cabecera municipal, y a las comunidades no pertenecientes a dicha organización; sin embargo, la población que registró representa una quinta parte (18.3%) de la censada por el Instituto Nacional de Estadística, Geografía e Informática (INEGI), en 1990, en todo el municipio de Ocosingo. Tal porcentaje concuerda con lo reportado por Mauricio, Valladares y García (1985, pp. 13 y 14), quienes en 1985 estimaron la existencia de 25 000 habitantes en la subregión Valles y Cañadas Centrales, 18% de la Lacandona, según sus cifras y criterios de regionalización.

Las Cañadas de la selva lacandona son muchas veces citadas pero poco conocidas. Ello tiene que ver con el hermetismo ancestral de su gente, explicable en mucho por los álgidos conflictos agrarios que han caracterizado su historia formativa.

Lo anterior hace que los estudiosos destaquen los aspectos políticos y aborden el problema dentro de la perspectiva de los movimientos campesinos en Chiapas (cf. Odile, 1984; Rubio López, 1985, y González Esponda, 1989). Pero los resultados muchas veces se ven oscurecidos por un exceso de ideología y otras por una posición demasiado "externa" que impide entender globalmente el proceso histórico de Las Cañadas.

Sin pretender agotar el tema, y en el entendido de que existen factores de esa realidad que hasta hoy conocemos bien, mientras que otros apenas los estamos identificando, analizaremos algunos elementos que, a nuestro juicio, le dan una identidad subregional a Las Cañadas.

Para definirla como unidad subregional hemos de considerar la matriz socioeconómica de los procesos políticos. Ello nos lleva a dar cuenta de la forma particular que adquiere la conformación de los grupos de poder en la zona y la lucha por los recursos estratégicos, en particular por la tierra. Debemos analizar (en el marco del desarrollo capitalista de la región) el proyecto de ocupación territorial de los diferentes grupos en acción, así como las mediaciones y manifestaciones de este proceso, tales como la influencia política de línea de masas y la influencia pastoral de la Teología de la Liberación.

a) La unidad religiosa

Los sacerdotes que visitaban la zona desde 1950 se abocaron a recrear y fortalecer la experiencia comunitaria. Trece años más tarde, la fundación de la Misión Ocosingo-Altamirano reforzó la labor de evangelización. Pero la falta de brechas, la inaccesibilidad de las localidades y el caminar de los colonos selva adentro dificultaban el trabajo, de allí que se pensó en capacitar catequistas para que fueran predicando la palabra de Dios en lengua indígena:

> ...antiguamente la palabra de Dios se hacía en latín y después en español, pero no entendíamos nada... Empezamos a pensar juntos cómo dar los diferentes servicios, hicimos acuerdo de enviar a los catequistas... después buscamos otros servidores como los principales, los presidentes, los diáconos y por último los coros. Allí nos acompañó Dios (Misión, 1988).

De esto nos da cuenta el documento conmemorativo de los 25 años de fundación de la Misión Ocosingo-Altamirano (1988), que recoge las palabras de los colonos, quienes afirman que:

> Dios nos acompañó... cuando empezamos a... unir a las comunidades en medio de muchos problemas y dificultades... cuando salen los [primeros] acuerdos.

Los problemas ante los que se enfrentaban eran innumerables y de distinta índole:

> el alcohol, la creencia en pulsadores, la bigamia, la presencia de soldados, el hostigamiento de finqueros, ricos y autoridades (op. cit.).

La religión católica fue uno de los primeros ejes ordenadores de la vida social en la comunidad:

> Dios fortaleció nuestro corazón, así empezamos a pensar cómo ponernos de acuerdo y encontramos un camino para trabajar en común... para ayudarnos con dinero... para atender [juntos] a nuestros enfermos. Empezamos a pensar para hacer trabajos colectivos: vacas en común, cafetal, milpa, frijolar, tienda en común y clínica.

Este precepto religioso-ideológico fundamentó la necesidad de ser parte de una comunidad religiosa, que no sólo se expresaba en la posibilidad de realizar trabajos comunales, sino en la necesidad de identificarse con otros "hermanos" de la zona y de otras zonas indígenas. Así, se argumentaba:

> todos los pobres unamos[nos] en un solo corazón y en un solo trabajo, para que agarremos fuerza con los compañeros de otros lugares.

Así se fortalecía la identificación con "compañeros de otras zonas y regiones".

He aquí el sustrato real de lo que 11 años más tarde expresaron los colonos en el Congreso Indígena de 1974, que tuvo lugar en San Cristóbal de Las Casas. En tal evento la pastoral jugó un papel relevante, que incluso permitió rebasar las expectativas oficiales del mismo.

La religión como fundamento filosófico y práctico del orden

moral y social comunal también se manifestó en el nivel individual. En 1963, los catequistas fueron enviados por sus comunidades a capacitarse "en la palabra de Dios" al Seminario Marista
de San Cristóbal de Las Casas. Para muchos ex peones de fincas,
rancheros y jornaleros era la primera experiencia "no subordina-
da" con el mundo ladino ("caxlán"). Allí aprendieron español y
a leer y escribir, y adquirieron una visión más amplia del mundo, que rebasaba en mucho su pequeña realidad de la finca o del
rancho.

El memorial de José Pérez (valle de San Quintín, 1990) nos permite un acercamiento general al panorama que regía a principios
de los años sesenta en la zona:

>...en la ranchería La Martinica, donde vivía, no había maestro; por eso
> yo crecí hasta grande sin saber leer ni escribir, llegué hasta los 22 años
> y no conozco la castilla, sólo el tzeltal, pues mi rumbo es tzeltalero,
> aunque mi papá es tojolabal. A nuestro rancho lo único que llega es el
> cura de Ocosingo; ese cura va de pueblo en pueblo visitando. Como
> yo era muy inquieto, en vez de quedarme a trabajar el monte me voy
> de auxiliar con el cura; así anduve dos años, ayudándolo con sus
> ropas y con las necesidades de la misa; yo sé qué se pone el cura en
> cada misa, organizo las lecturas, tomo el nombre de los que se van a
> casar, soy el sacristán... el cura me da un peso para mis gastos, pero
> no paso hambre porque en cada pueblo que llegamos hay una gran
> fiesta para recibir al cura que lleva los sacramentos. Ese trabajo me
> gusta pero no aprendo mucho español pues el cura sabe tzeltal.
> Luego mi comunidad me manda con los maristas a San Cristóbal;
> ahí, además de aprender la palabra de Dios, aprendo un oficio. Tem-
> prano nos levantan a rezar, desayunamos y luego tomamos clase de
> liturgia, Biblia y español, para más tarde hacer algún trabajo. Éramos
> 80 jóvenes indígenas. Yo, cuando llegué, tenía ya 25 años, pero no sé
> nada de castilla; hay otros de otros pueblos que sí saben un poco.
> Después regresé a mi comunidad a enseñar la palabra de Dios y em-
> pecé a visitar otras comunidades que me llamaban para orientarlas.

Don José, apesadumbrado, recuerda el día en que su maestro
le encomendó una tarea, pero él no entendía castilla y el maestro no
hablaba tzeltal, así que no supo cumplirla. Ahora le causan gracia las peripecias que su "ignorancia" (sic) le hizo pasar. Mas esa
"ignorancia" se trocó en formación intelectual, en conocimiento

del mundo ladino y en prácticas comunitarias, elementos rele-
vantes para convertir a estos hombres en líderes y organizadores
de sus comunidades, siendo más tarde ellos mismos quienes, al
hacer contacto con ideas políticas y tener necesidades apremian-
tes que resolver (como fue la posesión de la tierra), se constitu-
yeron en los pilares de la estructura política local y regional.

b) La contribución "político-ideológica"

Este es otro factor que contribuyó a delinear las particularidades
de la subregión. La unificación política en torno a la "lucha por la
tierra" fue catalizada por un grupo de militantes surgidos en el
contexto del movimiento estudiantil de 1968, quienes arribaron a
la selva en búsqueda de una identificación con los problemas
campesinos desde una perspectiva filosófica cobijada bajo la
Línea de Masas.

Formalmente, la Organización Ideológica Dirigente (OID) llegó
a Chiapas a fines de 1977 y principios de 1978, pero los militantes
de Unión del Pueblo estaban realizando trabajo político en Las
Cañadas desde un año antes. Estos últimos fueron absorbidos
por la estructura maoísta mayor; sin embargo, se dieron contradicciones internas que favorecieron la negación de la misma
estructura político-organizativa, lo que permitió, en gran parte,
consolidar una verdadera organización campesina de masas.[5]

La participación de algunos asesores ha ocurrido a lo largo del
tiempo en el nivel comunitario para orientar sobre la manera de
llevar a cabo trabajos colectivos y prácticas democrático-participativas. Además, su influencia en el nivel supracomunal ha favorecido la organización campesina en uniones de ejidos, sociedades de producción rural y la propia constitución, en 1988, de
la Asociación Rural de Interés Colectivo (ARIC) Unión de Uniones.

El papel de los "asesores" ha sido importante en lo que a formas de organización del trabajo, alianzas, estrategias, conver-
gencias y rupturas se refiere; pero particularmente su quehacer

---

[5] Dada la complejidad del fenómeno, y para evitar simplificaciones, se requiere de un estudio aparte de este proceso. Algunas reflexiones se pueden consultar
en el capítulo "Militancia político-religiosa en Las Cañadas", en esta misma obra,
y en Leyva (en prensa).

ha contribuido al surgimiento y consolidación del proceso de autogestión que caracteriza a Las Cañadas ante otras subregiones de la selva lacandona que carecen de esta unidad política hegemónica.

c) El conflicto agrario

Ciertamente, la identificación de un núcleo de comunidades campesino-indígenas, pilares de la dinámica subregional, se dio en la lucha por la tierra. He ahí el principal catalizador de la cohesión en torno a un proyecto político. Su génesis fue el conflicto generado a partir del decreto presidencial de la Comunidad Lacandona emitido en 1971, que favoreció a 66 familias de lacandones con 614 321 hectáreas y desconoció la existencia de 26 poblados indígenas previamente asentados.[6] El decreto, en el fondo, allanaba el camino a los intereses económicos de los empresarios y del Estado, que buscaban operar sin dificultades la explotación de maderas preciosas.

Si bien el conflicto de La Brecha fue el origen de la identificación de los intereses comunes entre los campesinos colonizadores, el enfrentamiento cotidiano entre campesinos y propietarios de grandes extensiones de tierra dedicadas a la ganadería contribuyó a consolidar la organización campesina en defensa de los frecuentes despojos, de las acusaciones de "invasión" y del uso de la violencia en contra de los *selváticos*.

A pesar de ello, los alineamientos clasistas a veces se muestran borrosos en este nivel: al lado de "pequeños propietarios" existen arrendatarios y minifundistas ligados a los primeros mediante mecanismos económicos e ideológicos. Asimismo, se encuentran pequeños propietarios de origen indígena,[7] e incluso ladinos al lado de los campesinos indígenas colonizadores de terrenos nacionales o demandantes del reparto de fincas.

Sin embargo, si el conflicto agrario es compartido en toda la

---

[6] Tal conflicto fue parcialmente resuelto en 1989 con la entrega de las resoluciones presidenciales a las comunidades afectadas por el decreto.

[7] Los pequeños propietarios viven en ranchos que a veces aglutinan una, dos, o cinco familias emparentadas; a veces son producto de algún desprendimiento de un ejido-colonia, que ya no tiene capacidad agraria para albergarlos, o en el que ellos no quieren vivir más.

selva lacandona, no así la organización campesina que surgió para enfrentarlo, como dijimos antes, por influencia del trabajo político de militantes de Línea de Masas y del proceso educativo de la Iglesia. Aunque cada una con su propio sentido y dirección, tanto la acción pastoral como la Línea de Masas, en Las Cañadas, gestaron un proceso "no formal" de educación; una educación participativa, "liberadora", en palabras de Freire.

Por lo que hasta aquí hemos avanzado podemos destacar que históricamente Las Cañadas surgieron como subregión contemporánea debido al nacimiento de nuevos actores sociales. Entre ellos el actor campesino, cada vez más politizado en torno a la lucha por la tierra y en pleno proceso de colonización de terrenos nacionales. Dichos campesinos buscaban protegerse de, o afectar a, los grandes propietarios, que constantemente simulaban fraccionamientos de tierras, y en más de una ocasión llegaron a provocar enfrentamientos entre campesinos.

Como resultado, surgió (en 1990) una subregión con unidad política, productiva y organizativa, en donde los campesinos indígenas organizados se han convertido paulatinamente en un grupo de poder interlocutor ante el Estado, con autonomía e independencia ante partidos políticos y centrales campesinas oficiales.

La capacidad autogestiva de las comunidades, su autonomía y las prácticas democrático-participativas permitieron la construcción de infraestructura y el surgimiento de servicios mediante el trabajo colectivo organizado en diferentes niveles. Las localidades que en los años setenta carecían de servicios básicos hoy cuentan con: a) prestadores de servicios comunales que fungen en su localidad como agentes de salud, técnicos de ganado, técnicos de café y maestros, y b) infraestructura como la casa ejidal, la casa de salud, la agencia municipal, una cancha deportiva, tomas públicas de agua (traída de un manantial mediante mangueras) y pista aérea.

Ocasionalmente, la construcción de estas obras contó con la entrega de recursos (cemento, pago de albañil, etc.) por parte de las instancias municipales o del Instituto Nacional Indigenista (INI), pero principalmente es resultado del trabajo colectivo hecho posible gracias a la estructura organizativa de las colonias.

Su estructura formal está constituida por autoridades civiles, políticas y religiosas, las cuales mantienen una estructura organizacional particular con puestos públicos y funciones definidas en el interior de la comunidad. Los nombramientos se dan en asambleas comunales, y casi todos los mayores de edad tienen o han desempeñado algún cargo civil o religioso. Desempeñarlo es una forma de servir a la comunidad y de identificarse como parte de ella (organigrama 1).

La organización Unión de Uniones Ejidales y Sociedades Campesinas de Producción Rural de Chiapas es un eje de la sociedad regional cuyo enfrentamiento con asociaciones de corte empresarial, como la Asociación Ganadera de Ocosingo y la Unión de Pequeños Propietarios del Segundo Valle de Ocosingo, manifiesta los conflictos y las contradicciones de los grupos y las clases sociales por la ocupación del espacio y la hegemonía de un proyecto de desarrollo en el nivel subregional.

Ahora bien, no obstante las características comunes que hacen de Las Cañadas una subregión de la selva lacandona, su propio desarrollo político-organizacional permite identificar áreas con relaciones sociales más estrechas. Éstas se identifican en términos generales con valles y cañadas particulares.

Una primera propuesta de subdivisión en el interior de Las Cañadas la presenta Márquez (1988), quien, con base en los sistemas de producción agrícola y las formas de organización de los campesinos (en uniones de ejidos y sociedades de producción rural), destaca seis zonas agrícolas (mapa 13).

Ciertamente, los límites naturales de las cañadas y de los valles acercan física y socialmente a las personas, pero sólo se trata del marco natural donde se dan las relaciones sociopolíticas y organizativas. Para ejemplificar tales relaciones, presentamos a continuación el ejemplo de la microrregión Betania.

BETANIA, UNA MICRORREGIÓN DE LAS CAÑADAS

El valle de San Quintín es una planada a unos 250 metros sobre el nivel del mar. La laguna de Miramar y una formación montañosa al sur de ésta, con una altura de 600 a 850 metros, dividen el valle en dos partes. Podemos imaginarlo como una herradura más alargada de una punta. Está rodeado por la sierra de la Colmena, el Cerro Mono Blanco, la sierra San Felipe, la RIBMA y el

ORGANIGRAMA 1. *Modelo de la estructura social comunal, subregión Las Cañadas, selva lacandona (1990)*

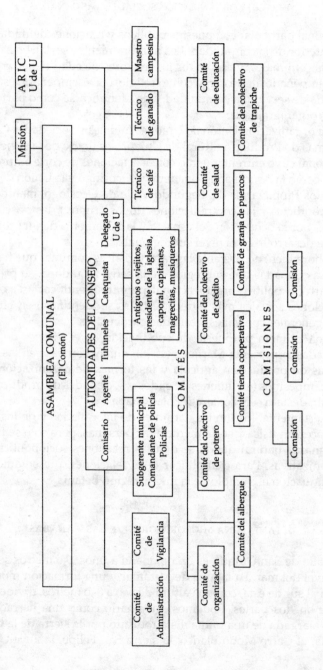

FUENTE: Trabajo de campo 1987, 1990-1993.

MAPA 13. *Microrregiones de la subregión Cañadas-Ocosingo-Altamirano, selva lacandona*

FUENTE: Elaboración del autor con base en Márquez, 1988: 82.

Cordón del Chaquistero, elevaciones que van más allá de los 1 000 metros, aunque hacia el sur oscilan entre 600 y 850 (mapa 14).

Está drenado por las aguas del Jataté y sus afluentes: Bajo Perlas y Río Azul. El primero se le une a mitad del valle y el segundo al sur, justo unos cinco kilómetros antes de que el Jataté una sus aguas al Euseba. En su parte más alargada mide unos 40 kilómetros y en la más ancha menos de 20. Esto es, su radio máximo está entre 15 y 20 kilómetros, lo que es por demás importante ya que es un valle casi cerrado, unido al exterior por vía aérea y por tres veredas como salidas terrestres. Esto hace del valle una zona con límites precisos y posibilidades para generar una estructura socioespacial con lógica propia, en función de un mercado común y un intercambio de mujeres: en un día se puede caminar de un lugar a otro para ir a noviar, a buscar mercancías, diversión, medicinas, atención médica, etcétera.

El mercado común

San Quintín es la población más grande de la zona, el lugar central de comercio. Su localización privilegiada, justo en la mitad del valle, la hace punto equidistante a los extremos del área; cuenta con pista aérea para conectarse con Ocosingo y Comitán, cabeceras subregionales a las que está orientada la microrregión, ya que está en un punto liminal entre las esferas de influencia de ambas ciudades.

A San Quintín acuden los pobladores del valle cuando en su comunidad o en las de su alrededor faltan abarrotes, y regularmente cuando buscan ropa, calzado o alguna herramienta y no les es posible volar a las ciudades subregionales.

De la misma manera, aunque en otro nivel, las localidades situadas a los extremos del valle de San Quintín, cercanas a sus veredas de salida, tienen la alternativa de buscar sus mercaderías en la población microrregional aledaña; es el caso de Nueva Galilea y Nuevo San Gregorio, por ejemplo, donde sus avecindados se distribuyen entre los que acuden a San Quintín y los que acuden al ejido Amador Hernández, localizado al norte, en el valle de Guadalupe, río Perlas arriba.

La centralidad del poblado de San Quintín no supone que

Mapa 14. *Valle de San Quintín: microrregión de la selva lacandona*

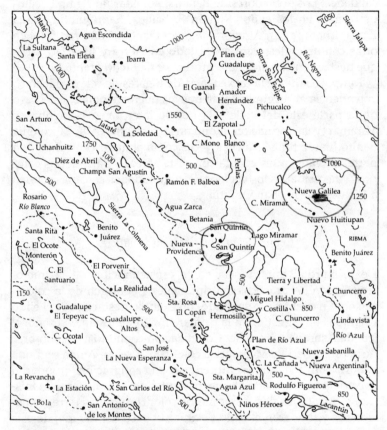

FUENTE: INEGI: carta topográfica, Las Margaritas, 1982; Esc.: 1 250 000.

estén ausentes las relaciones comerciales entre el resto de las localidades. Los pobladores de Betania, por citar un ejemplo, compran maíz en los ejidos Ramón F. Balboa, San Quintín, Agua Zarca, Champa San Agustín; de igual manera, compran frijol en otras comunidades, pero sobre todo en Tierra y Libertad, ejido que destaca en el valle como productor de dicho grano.

Tampoco supone la inexistencia de lugares de relevo o incluso la tendencia al surgimiento de nuevas microrregiones. Es el caso de la parte este del valle a la que se interponen la laguna de Miramar y la formación montañosa contigua. Allí, la colonia Benito Juárez funge muchas veces como el lugar central de esta parte del valle, pues cuenta con pista aérea, y para ciertas compras y necesidades los vecinos de comunidades cercanas acuden a él antes que ir a San Quintín.

Colonización e intercambio de mujeres

De primordial importancia en la estructuración de la microrregión son las prácticas matrimoniales y el origen de la colonización. En cuanto a lo segundo, un ejemplo destacado es el ejido Champa San Agustín. En la primera mitad de los años sesenta el jefe de Asuntos Agrarios y Colonización conminó a los hombres de la propiedad La Martinica a colonizar la selva. A una segunda exhortación, 30 familias emprendieron la emigración y fundaron la colonia Champa. Más tarde, parientes de éstas hicieron lo mismo, y orientados por los primeros colonizaron más terrenos nacionales y fundaron el ejido Betania. Al paso del tiempo, de este ejido se desprendieron los pequeños propietarios fundadores de los ranchos El Pradito y El Carmen.

Emiliano Zapata fue fundado por choles procedentes de Sabanilla y sus hijos posteriormente fueron a fundar Tierra y Libertad. En Miguel Hidalgo predominan tzeltales procedentes de dos localidades de Altamirano; al poblado de San Quintín llegó gente de Oxchuc y Ocosingo; pero, en general, también encontramos tojolabales y tzotziles asentados en comunidades del valle.

La colonización fue realizada por grupos de parientes y en consecuencia oriundos de un mismo lugar. De tal modo, lo primero que estructuró la sociedad de colonos fue el parentesco consanguíneo y la coterraneidad. Luego, en los primeros años, los inmigrantes solteros desposaron dentro de la comunidad con mujeres de origen distinto; de esta manera, los lazos de filiación por afinidad y rituales (compadrazgo) que fueron surgiendo tejieron una estructura social más compleja.

Muchos de estos jóvenes desposados fundaron colonias cerca del asentamiento de sus padres; otros, orientados por sus parientes desde el momento de la migración, fueron a asentarse en el mismo valle. Es decir, tenemos una región cuyo núcleo es la estructura de parentesco consanguíneo, afín y ritual.[8]

En cuanto a las prácticas matrimoniales, siguen dos modelos de acuerdo con la antigüedad del asentamiento: en un primer momento, como dijimos antes, los colonos solteros desposan mujeres de su propia comunidad pero con origen migratorio distinto. En un segundo momento, cuando este grupo de mujeres se agota, los hombres han de buscar compañera fuera de su comunidad, pues está prohibido el enlace de parientes hasta el tercer grado.

Cuando jóvenes emparentados acuerdan vivir juntos, "se huyen", pues las reglas comunales les prohíben la relación, dado que los parientes hasta tercer grado son considerados "hermanos". El hombre es obligado a pagar una "multa" al padre de la muchacha por un millón de viejos pesos, y hasta por tres millones si no permanecen juntos. Pero también puede suceder que la comunidad conozca a tiempo las intenciones de huida de la pareja e impida su ejecución; para ello se lleva el caso a la "asamblea comunal", la cual actúa como "juzgado popular", donde los novios son vistos como violadores de la norma social y son sancionados. Dicha asamblea cuenta con la participación de todos los individuos de la colonia (hombres y mujeres mayores de 16 años) y es dirigida por las autoridades civiles y religiosas.

Ahora bien, la integración microrregional dada por los límites o barreras naturales, el aislamiento, el comercio común, el emparentamiento y el origen común de muchos colonizadores no supone completa armonía y homogeneidad; sólo nos habla de un espacio geográfico y social que se reproduce como unidad diferenciada de otras, con una lógica propia. Es decir, ni se autorre-

---

[8] Incluso tenemos noticias de relaciones de compadrazgo entre finqueros y campesinos-ejidatarios por cuyo conducto las comunidades hacen contratos de ganadería "al partido".

produce ni es homogénea; antes bien, es una realidad compleja y forma parte de la sociedad mayor.

Cohesión y conflicto en la unidad microrregional

El valle de San Quintín (microrregión Betania) pertenece a la subregión Las Cañadas. Comparte con este espacio más amplio un tipo de colonización, el predominio del catolicismo refrendado por el curato y obispado de su jurisdicción, la militancia en la Unión de Uniones y el predominio de la lengua tzeltal.

Sin embargo, por una parte, se encuentra en los límites de la zona de influencia de Ocosingo, es atraída por Comitán y está enfrentada con propietarios de aquel municipio. Por otra, se trata de una microrregión donde tanto los católicos como los militantes de la Unión de Uniones han perdido hegemonía en los últimos años. Actualmente existen cinco sectas protestantes en la localidad de San Quintín; además, algunos campesinos radicados en ese pueblo militan en la Confederación Nacional Campesina (CNC). Lo mismo sucede en Hermosillo, Agua Zarca, Ramón F. Balboa y Emiliano Zapata.

Tal situación crea cierta incertidumbre y mantiene alerta a las comunidades. Por ejemplo, el tratamiento entre miembros de la Asociación Rural de Interés Colectivo Unión de Uniones es de "compañero", mientras que para el resto es de "hermano": "hermano campesino", "hermano indígena", "hermano cristiano"; con ello se marcan las diferencias políticas, pero a la vez se trata de mantener la unidad entre los habitantes del valle. Más allá de la pertenencia a la Unión o a la Confederación Nacional Campesina (CNC), los unen el parentesco y las prácticas matrimoniales.[9]

Sus relaciones cara a cara son más o menos frecuentes. Las mujeres de diferentes comunidades se frecuentan, los hombres visitan las casas cuando van de paso y comparten el pozol cuando se encuentran en los caminos. Si bien guardan diferencias políticas y religiosas, se unen frente a la amenaza del exterior, de lo desconocido; se comportan como grupo ante los otros. Una exce-

---

[9] Aún falta profundizar en el trabajo de campo, pues seguramente la búsqueda de mujeres se ve orientada hacia comunidades donde se profesa la misma religión.

lente muestra de tal cohesión nos la dio el rumor del "cortacabezas" y los hechos que se sucedieron a finales de 1990.

En Chiapas es común pensar que cuando se realiza una gran construcción es necesario cimentarla con cabezas humanas. Ante los trabajos de perforación de Petróleos Mexicanos (Pemex), resurgió el rumor; a decir de la gente, los constructores pagaban por cada cabeza dos millones de pesos de entonces, sobre todo si eran cabezas de hombres de la selva. El "cortacabezas" podía ser cualquier persona, incluso un conocido del rumbo, por eso se pusieron guardias en las entradas de las colonias para vigilar a los transeúntes.

Exaltados los ánimos con tal rumor, llegó una avioneta a la comunidad de Betania, cosa por demás común, sólo que ahora los observadores vieron bajar del aparato a dos "extraños", quienes en lugar de tomar el camino que conduce al pueblo enfilaron hacia el monte. Acto seguido se encerraron las mujeres y los niños en sus viviendas, mientras que los hombres iban en busca de los recién llegados; los trajeron con las manos atadas a la espalda y los pusieron bajo custodia de la policía comunal, previniendo que se tratara de los "cortacabezas". Los interrogaron en asamblea pública y se hicieron conjeturas. Como la asamblea del pueblo, investida de juez, quedó insatisfecha, resolvió enviar propios a las comunidades del área para que vinieran comisiones a participar de la solución que habían de darle al problema de los acusados.

Los comisionados del pueblo de Agua Zarca reconocieron a los detenidos. Finalmente, después de tenerlos 36 horas en la agencia municipal local, los dejaron ir custodiados por los zarcos, pero con la consigna de abandonar la región cuanto antes.

Nadie ha visto al "colís barbudo, con machete y gran sombrero", como describe el rumor al "cortacabezas"; sin embargo, este mito mantuvo en zozobra a las comunidades del área por un buen tiempo. Tras ello están el aislamiento y las recientes diferencias políticas y religiosas, pero a la vez es muestra de la cohesión social dada más allá del conflicto.

Betania pudo convocar a participar en el juicio público y popular a buena parte de las comunidades del valle. Estuvieron el pleno de la población de Betania y los representantes de los ejidos Ramón F. Balboa, Agua Zarca, Emiliano Zapata y San Quintín, colonias que no comparten en su totalidad la religión y militancia campesina, pero que participan de una dinámica microrregional que existe en el seno del valle en términos de un mercado común con eje en la comunidad de San Quintín, una red de relaciones cara a cara y una estructura de parentesco en el nivel microrregional.

El ejemplo del valle de San Quintín nos permitió mostrar la unidad microrregional, a pesar de sus particularidades y diferencias con el todo mayor conformado por la subregión Las Cañadas. Un fenómeno de similar naturaleza se da entre las diversas subregiones de la selva respecto al conjunto superior. A ese nivel debemos remarcar la existencia de procesos comunes como la conformación multiétnica de la sociedad de la Lacandona, la naturaleza de la colonización, de los sistemas productivos y del enfrentamiento entre el proyecto campesino de ocupación del espacio, y el de los ganaderos capitalistas y terratenientes en general.

Característicos del patrón de migración de la subregión Las Cañadas resultan los desplazamientos de ex peones de las fincas de Ocosingo hacia terrenos nacionales o pequeñas propiedades para fundar colonias o ranchos, respectivamente. En orden de importancia siguen los que vinieron del norte del estado: Sabanilla, Sitalá, Bachajón y Yajalón y, finalmente, los provenientes de Oxchuc, Altamirano, Abasolo o Huixtán. Todos ellos indígenas y ladinos en busca de tierra.

El anhelo de "libertad" es una constante entre las explicaciones locales de la emigración a Las Cañadas, a la par del crecimiento demográfico y el agotamiento de los recursos naturales. Ello, por ejemplo, obligó a muchos hijos de habitantes de la cañada de Patihuitz a colonizar el Plan de Guadalupe y fundar ejidos en esta área del bajo Perlas.

No resulta fortuito este movimiento migratorio, si reconocemos la existencia de colonias como Patihuitz, perteneciente a la cañada con mayor antigüedad de población y mayor erosión en sus recursos naturales. Allí, la tierra sin fertilización produce cada vez menos maíz y frijol, los pastos buenos están en manos de las fincas vecinas, en las márgenes del río, por lo que los colonos deben tomar agua de manantiales localizados en la montaña, a donde llevan a abrevar el ganado que crían "al partido" la mitad del cual entregan anualmente al finquero, que se beneficia del pasto y de la mano de obra ajena.

El panorama social ha presentado casos como éste antes y ahora. Antes dieron pie a emigraciones y a la fundación de nuevas colonias; pero hoy lleva a jefes de familias a emigrar y solicitar individualmente su ingreso a algún ejido aunque sea como "avecindado".[10]

Los movimientos de población no son cosa del ayer. Aún se producen reacomodos relacionados con el crecimiento demográfico, la erosión de los suelos, el bajo nivel tecnológico y, en general, con la marginación que sufren las comunidades rurales de la región.

La población de Las Cañadas es de naturaleza multiétnica; incluso existen ladinos que muchas veces hablan lengua indígena y a quienes se les excluye de la noción de "caxlán", noción asociada a finqueros y autoridades de las cabeceras municipales.

En términos generales, podemos decir que el "ser indígena", considerarse indígena y hablar lengua indígena (cualquiera que ésta sea), también contribuyó a generar un fuerte lazo de identidad cultural que favoreció la organización política ante la otredad mestiza, "caxlana".

El proceso de socialización en comunidades con presencia de más de un grupo étnico no evita la identificación en un proyecto político mayor, sino que lo refuerza mediante un sentimiento de otredad. El papel de la pastoral ha contribuido a homogeneizar a los diferentes grupos indígenas en la categoría de "hermanos".

Estas manifestaciones culturales en la historia de Las Cañadas han permitido la identidad política subregional, dada la concomitancia de otros factores y las condiciones de aislamiento y marginalidad que implicó el proceso de colonización.

La procedencia común de los pobladores de una zona favoreció el manejo de una lengua semejante e incluso coadyuvó al desarrollo del conocimiento común y la práctica de ciertas actividades productivas. Los ex peones acasillados de fincas ganaderas se orientaron a tal actividad, al igual que los provenientes de fin-

---

[10] Dícese de aquel productor que no goza de derechos agrarios, pero que puede usufructuar un pedazo de tierra si los ejidatarios y las autoridades ejidales así lo acordaron.

cas cafetaleras.[11] De tal manera, cuando el medio en que se asentaron lo permitió, se establecieron comunidades especializadas en una u otra producción mercantil, cosa que junto a la lucha por la tierra los colocó frente a problemas y a enemigos comunes en la búsqueda de la reproducción social.

La posibilidad de sobrevivencia y reproducción a partir de estrategias individuales resultaba bastante desventajosa en las condiciones de la selva; se requirió echar mano de la redes sociales sustentadas en la coterraneidad y el parentesco, lo cual no evitó el conflicto a nivel de la vida cotidiana.

La variedad de elementos a que hemos hecho referencia muestra la complejidad de la zona; para describirlos y analizarlos requerimos jerarquizar los espacios geográficos y sociales a partir de un sistema conceptual que nos permitió atender los procesos que generan cohesión social en cada nivel. Así,

— en un espacio pequeño podemos ver la organización social en función de las reglas de convivencia entre conocidos y parientes;

— en un nivel mayor, podemos ver la organización social tejida a través de alineamientos de grupos sociales con un proyecto de explotación y control de los recursos frente a grupos sociales con un proyecto diferente, y

— en un nivel macrosocial, macrorregional, la organización social puede verse como reglas de convivencia humana en la sociedad capitalista regidas por el interés de la máxima ganancia.

Chiapas, 1990

---

[11] "Por ejemplo, los ejidatarios de Agua Azul, de la cañada del río Perlas, al igual que los de Guanal y Amador Hernández, tenían experiencia en la producción ganadera, por lo que se orientaron hacia esa actividad. En cambio, los de Perla Acapulco, provenientes de Sitalá, Bachajón y Yajalón, se orientaron por la caficultura" (Márquez, 1988: 49).

GANADERÍA Y COLONIZACIÓN
EN LAS CAÑADAS*

Nuestro objetivo es mostrar el papel de la bovinocultura en el proceso de colonización de la subregión Las Cañadas de la selva lacandona (mapa 5), evitando reducir su importancia a un asunto meramente económico, es decir, a factor devastador de los recursos naturales de la selva y práctica técnicamente deficiente dadas las condiciones socionaturales de la zona. En cambio, hace énfasis en el significado sociológico de la ganadería. Se pregunta por el gusto de los colonos-campesinos en desarrollar tal actividad; por el papel de ésta en la reproducción cultural y social de los *selváticos*, y por el posible efecto de una política como la esbozada por el gobierno estatal en los últimos meses de 1992 con la pretensión de desestimular, e incluso evitar mediante prohibiciones, la bovinocultura en la Lacandona. Todo esto se inscribe en una discusión más amplia acerca del desarrollo social de la región, puesto que persigue ir más allá de una mera contribución al estudio de la ganadería.

EL NIVEL ESTRUCTURAL Y EL INDIVIDUAL

La colonización campesina del trópico húmedo es una constante en la América Latina contemporánea.[1] En México, la política de colonización como política agraria y de desarrollo se inscribe en el proceso de centralización y concentración de poder que llevó al Estado nacional de la Revolución a delimitar su territorio, fortalecer sus fronteras y consolidar la economía del país. El proceso tuvo auge primero en la región árida del norte y noroeste del país y más tarde en el trópico húmedo.

Revel-Mouroz (1980) hace una profunda revisión histórica de

* La versión original fue publicada en el *Anuario 1992*, Tuxtla Gutiérrez, Chiapas, Instituto Chiapaneco de Cultura, 1993, pp. 262-284.
[1] Véase Nelson (1977), Revel-Mouroz (1980), y Szekely y Restrepo (1988).

las formas y características de la colonización en el trópico húmedo mexicano desde el siglo XIX hasta 1970, y muestra cómo este proceso contribuyó a la expansión de la frontera agrícola y a la apertura de nuevas tierras al cultivo.[2]

Al hablar de colonización campesina se alude a la conquista de nuevas áreas, al poblamiento de tierras "vírgenes", a un movimiento de población que al apropiarse un espacio nuevo tiene por meta primordial el usufructo o posesión de la tierra y su transformación mediante el trabajo de los individuos. Pero a pesar de mostrarse en primera instancia como acciones de los individuos y muchas veces de familias campesinas, resulta un proceso social históricamente determinado, eminentemente ligado a la apertura de nuevos espacios de explotación capitalista.

La expansión de la frontera agrícola mediante la colonización campesina en el sur-sureste de México tiene en última instancia una explicación en el nivel macrosocial y estructural. Allí la expansión debe ser vista a la luz de fenómenos acaecidos en el contexto nacional, sobre todo a partir de los años cuarenta, tales como la dependencia ciudad-campo y el crecimiento de los centros urbanos demandantes de productos agropecuarios que obligaron a la apertura de nuevos espacios de cultivo y pastoreo.

La expansión de la frontera agrícola también fue influida por la introducción del paquete impulsado por la Revolución Verde, que impuso un sistema alimentario, tecnológico y de cultivos particular, además de la *reforma agraria* como política de ocupación de espacios "vírgenes" con la finalidad de incrementar la productividad o como alternativa de liberación de formas tradicionales de dominación; verbigracia, el sistema de peonaje de las haciendas y fincas prerrevolucionarias.

Así se llevó a cabo la dotación de tierras y la creación de ejidos y nuevos centros de población ejidal como nuevas formas de tenencia de la tierra encargadas de la producción agropecuaria. Además, con la Revolucion Verde la tríada leche, carne y huevos se convirtió en "la opción alimentaria" y con ello se dio impulso al cultivo de granos forrajeros, al uso de agroquímicos y a la ganadería bovina.

---

[2] Barkin y Mizrahi actualmente llevan a cabo un proyecto de investigación sobre colonización y programas de desarrollo ensayados en el trópico mexicano en las últimas tres décadas (*cf.* Barkin y Mizrahi, inédito).

Desde la perspectiva del individuo, la colonización se presenta al antropólogo o al sociólogo como la acumulación de decisiones individuales. Siguiendo a Arizpe (1985: 12 y 16),[3] puede afirmarse que la colonización tiene causas estructurales, pero a la vez existen factores culturales y sociales que explican la existencia de aventureros o buscadores de utopías. Son dos aspectos de un mismo proceso, dos formas de abordarlo, ya que el individuo recibe las presiones estructurales debido a su pertenencia a un grupo social.

En el caso de Las Cañadas de la selva lacandona, la colonización se inicia hacia finales de los años treinta, se consolida en los sesenta, se fortalece hacia los setenta y mengua en los ochenta. En la actualidad, aún se dan algunos movimientos migratorios intraselva de familias o individuos.

Áreas como Los Altos de Chiapas, el norte del estado y los bordes del Desierto del Lacandón fueron las principales zonas de donde salieron emigrantes a la selva chiapaneca. La alta densidad de población, la infertilidad de la tierra y la escasez de agua motivaron a la población de Los Altos de Chiapas a buscar nuevas tierras en la Lacandona. La concentración de la superficie, así como el avance de la ganadería bovina y el consecuente desplazamiento de mano de obra en el norte del estado y en el entorno del Desierto fueron los elementos que orillaron a la población a incursionar en tierras selváticas, "nacionales" o de viejos latifundios forestales expropiados y sin expropiar. Todo bajo el impulso tardío de la reforma agraria.

Así lo expresó el Congreso Indígena de 1974 en las ponencias chol y tzeltal que hablaban de comunidades del corazón selvático y del norte del estado.[4]

Ponencia chol:
Las siembras de maíz poco a poco se han ido convirtiendo en potreros. El dueño de la finca generosamente ofrece a sus peones una extensión grande, magnífica tierra para el maíz. La única condición que

---

[3] Al retomar a Arizpe consideramos la colonización campesina como un tipo de *migración interna rural-rural*.

[4] El Congreso Indígena se celebró en 1974 en la ciudad de San Cristóbal de Las Casas, Chiapas, con motivo del 500 aniversario del natalicio de fray Bartolomé de Las Casas, defensor de los indios. Para mayor información, véase el capítulo "Militancia político-religiosa en Las Cañadas", en esta misma obra.

les pone es que juntamente siembren pasto. Así, al año siguiente ese magnífico campo queda convertido en potrero. Vuelven a darles otro terreno al año siguiente. El indígena lo desmonta, lo prepara, siembra su maíz... juntamente con el pasto. Así, al cabo de 4 o 5 años la finca se ha convertido en ganadera. ¿Y los acasillados de qué van a comer? De esta suerte la emigración a nacionales ha sido masiva. Van huyendo del hambre y de la miseria de las fincas. La tierra de sus padres que los vio nacer se queda para siempre atrás (cit. en Morales, 1992b: 295).

Ponencia tzeltal:
Actualmente los finqueros invasores están transformando las tierras laborales en explotaciones ganaderas, con lo que han convertido las tierras aptas para la agricultura en potreros. El efecto inmediato ha sido el hambre y la huida a la selva en busca de tierra, abandonando sus poblados, disgregando las familias, afrontando mil penalidades (cit. en Morales, *ibid.*: 306).

Los testimonios del Congreso Indígena remiten al proceso de ganaderización de Chiapas como detonador de la expansión de la frontera agrícola y de la colonización campesina de la Lacandona. Pero el efecto de tal dimensión estructural varía considerablemente de un individuo a otro, como lo demuestran las historias migratorias.

Caso 1: Trinidad Alfonso Ruiz. Ejido El Guanal, municipio de Ocosingo. Edad: 93 años.

Mi papá nació en Las Margaritas, era tojolabal, yo en la *pinca* El Porvenir [zona tzeltal]. Allí trabajé en el cafetal y cargando leña y sembrando maíz... luego un día me fui a la *pinca* Xaac, pues el patrón me pegó; ahí había maíz, caña, café y ganado. Cuando tenía 18 años [1917], trabajé en la montería de San Quintín, por eso conozco estos caminos del Plan de Guadalupe. Primero compré con mis once hijos un ranchito, Vista Alegre, allá por Las Tazas, pero no alcanzaba la tierra... luego vine a buscar estas tierras juntos con mis hijos, yo soy el mero fundador del ejido, dejamos el ranchito y traje a todos mis hijos varones, ahora sólo uno vive en el ejido Las Tazas, pues la mujer no quiso venir, allá tiene tierras. Aquí todos son mi descendencia, soy Prencipal, el mero tata.

Caso 2: Guillermo Méndez. Ejido Poza Rica, municipio de Las Margaritas. Edad: 50 años.[5]

Soy originario de la colonia San Antonio Sabanilla, municipio de la Trinitaria; estoy aquí por hallar tierras, la culpa la tuvieron nuestros padres... En un principio me vine por acá porque mi papá sólo tenía siete hectáreas en el ejido, pero no las trabajaba; se mantenía de jornalero, iba a trabajar en las fincas. Supe de las tierras de Poza Rica pero mi papá no quiere venir, me escapé y me fui a una finca a trabajar; luego vendí mis coches [puercos], y fue mi pensamiento cambiar. En ese tiempo mi mamá ya estaba de acuerdo conmigo, mis otros dos hermanos no... llegó la fecha de salida, mi mamá no quiso quedar, le dije voy a ir primero, cuando regrese le digo cómo está y los vengo a traer... después mi papá vio que están buenas las tierras de Poza Rica, que la gente es buena, hablamos con las autoridades de la colonia, pagamos doscientos pesos por el ingreso y luego luego nos dieron un pedazo de tierra... entonces se animó mi papá a venir y empezó a trabajar.

Caso 3: Macario Pérez. Rancho La Aurora, municipio de Ocosingo. Edad: 60 años.

Nací en Santo Domingo, cerca de la finca Vista Alegre, de joven trabajé unos meses en la montería de San Quintín y luego de vaquero en la finca Tecojá; como no tenía tierras, me junté con los de Vista Alegre y del ejido Galeana para venir a solicitar tierras en el Plan de Guadalupe, así formamos el ejido El Guanal. Pero yo tengo tres varones y no nos gusta trabajar en colectivos, así que salimos del ejido y compramos un ranchito; mis dos hijos ya tienen su familia y viven aquí conmigo, así formamos La Aurora.

Cada caso se presenta como único e irrepetible. La gama va desde el *padre-líder* que guía a su descendencia, hasta el aventurero, joven errabundo que arrastra a la familia extensa y nuclear a aventurarse por derroteros desconocidos y agrestes.

[5] Agradecemos a la socióloga Marina Acevedo el permitirnos reproducir esta entrevista. Para mayor información sobre la colonización de Las Margaritas, consúltese la parte final de su tesis (Acevedo, 1993).

El motor de la colonización

Los colonizadores de Las Cañadas de la Lacandona tuvieron por motor la búsqueda de un pedazo de tierra que cultivar, un suelo para reproducirse y crear las condiciones materiales para empezar una vida diferente de la vivida en el lugar de origen. Es decir, los migrantes demandaban el usufructo o posesión de un espacio donde subsistir y reproducirse familiar y socialmente. Aquellos que provenían de fincas cañeras, ganaderas o cafetaleras vivieron la migración a la Lacandona como un *éxodo en busca de la tierra prometida*, como fenómeno de liberación del sistema de peonaje y como posibilidad de organizar el trabajo y la vida social en la colonia-ejido dotada mediante la reforma agraria o simplemente poseída mediante la colonización (Morales, 1992*a*, y Leyva, en prensa).

La historia empieza para muchos exactamente con la búsqueda de tierra, con los innumerables viajes de exploración selva adentro realizados por algunos hombres de la localidad. Recuerdan los fundadores: "...íbamos haciendo picada, tumbando monte, buscando la mejor tierra: la planada, con agua corriente, sin aguachín, con arroyos y ojos de agua".

Dentro de esta memoria colectiva existe un "pasado de referencia", que remite a lo vivido por los padres y los abuelos durante el periodo de las monterías y las fincas. Cuando aluden a ese periodo, enfatizan las condiciones de explotación vividas cotidianamente:

> ...cargábamos en nuestra espalda la panela que llevábamos a Comitán y a San Carlos [hoy Altamirano]; no había caballos y las mulas eran del patrón; trabajamos todos los días, hasta los domingos; nunca se acaba el *debe*; pior si nos vamos a casar, más crece; no hay escuela, ni curas, ni zapatos, sólo tu poquito de maíz, tu poquito de sal.

Los colonos fundamentan en estas vivencias el discurso ideológico que legitima su proceso de liberación y su afán por colonizar nuevas tierras, por empezar una vida nueva. Ya en la Lacandona, hombres y familias se organizaron para distribuir y aprovechar los recursos que les brindaba la selva: tierra, agua y bosque. Cultivaron maíz y frijol mediante el sistema de roza, tumba y quema para alimentarse, criar gallinas y engordar puercos. Vendían estos últimos y con el dinero obtenido compraban bienes manufacturados.[6]

Al principio la combinación de cultivo de maíz y engorda de cerdos sirvió también para obtener recursos con qué iniciar la explotación bovina. Poco después la producción de maíz para engordar puercos pasó a la siembra de maíz e implantación de pasto en la misma superficie, para que agostara el ganado. Se siguió produciendo maíz para la alimentación familiar, y la venta de becerros sustituyó a la de puercos como mecanismo para obtener el dinero que permitía comprar los bienes básicos que la familia campesina no producía.

Este cambio redujo la carga de trabajo, dado que el cultivo del maíz para engordar cerdos exige muchas jornadas; en cambio, la atención de los hatos consume menos mano de obra. Además de que la venta de becerros deja mayores ingresos que la de puercos.

A finales de los años sesenta y principios de los setenta se generó una combinación diferente: se empezó a sembrar café, sólo que este cultivo exige grandes cantidades de trabajo, a diferencia de la ganadería, aunque ecológicamente es menos destructor. Pero la orientación a la combinación maíz-café o maíz-ganado depende de otras consideraciones. Está relacionada con las condiciones naturales, tales como suelos, altura, pendiente y presencia de agua, entre otros factores; así como con el origen social de los colonos, es decir, con la orientación productiva que tenían las fincas de donde emigraron. Márquez (1988: 128) afirma que

la especialización productiva hacia la ganadería bovina en parte se explica por la procedencia de los campesinos que colonizaron la zona, pues muchos de ellos eran peones de fincas ganaderas, siendo éstas el *modelo* a seguir... Dicho *modelo* se desarrolló con serias limitantes, pues no se contaba con recursos financieros y el conocimiento del proceso técnico era deficiente, reducido en muchos de los casos a las prácticas manuales del establecimiento de pastizales, cercos y chapeos.

[6] Los puercos se embarcaban en avioneta hacia los centros urbanos, o eran arriados por "cucheros" procedentes de San Cristóbal.

Conforme se consolidaron el cultivo de café y la crianza de bovinos, los puercos pasaron a un tercer orden, ya que los recursos monetarios que éstos proporcionaban fueron suministrados por las otras dos actividades.[7] En contraste, en las últimas dos décadas se fortaleció la venta de fuerza de trabajo dentro de la selva, principalmente para la cosecha de café y algunas veces para la limpia de potreros.

Además de estas actividades, los productos del solar y de los huertos situados en las parcelas brindan una alimentación pocas veces valorada en su verdadera importancia. Con algunas variantes entre comunidades y microrregiones, allí puede encontrarse cacao, ajonjolí, chile, cítricos, café, aguacate, caña, guineo y otras variedades de plátanos. Además, dentro de las actividades productivas de los colonos y dada su relación con ríos y bosques, deben considerarse las actividades de caza, pesca y recolección, cuya finalidad principal es el autoabasto.

Quizá hoy la actividad menos cotidiana resulte la caza, sobre todo en áreas donde predomina un alto grado de deforestación, pero años atrás resultaba común enriquecer la dieta de la familia con carne de tepescuintle, jabalí, venado o censo (animal de la región). Por su parte, la pesca es otra fuente de alimento, ya que las colonias selváticas siempre están sobre las márgenes de ríos, arroyos, riachuelos y lagunas. La pesca y la recolección abastecen de macabiles, bagres, mojarras, guachinangos, caracoles, tallos de hoja santa (*mumu*), hierba mora y zapotes.[8]

En fin, los *selváticos* combinan agricultura y ganadería con pesca, caza y recolección para obtener los valores de uso y de cambio necesarios para su reproducción social y biológica. Pero como unidades campesino-indígenas el eje de su actividad lo constituye el cultivo de maíz, base de su alimentación y de su cultura, y actividad inherente a su condición sociocultural. Así lo de-

[7] Ya consolidada la ganadería bovina y la caficultura, muchas comunidades han prohibido la crianza de puercos en las inmediaciones del poblado por considerarla nociva para la salud humana, dado que los chiqueros y las piaras, tal y como se tenían, favorecían la proliferación de focos de infección y destruían los huertos familiares. Algunas colonias han optado por levantar un cerco alrededor de todo el centro urbano de la colonia para aislarlo de los chiqueros.

[8] También se recolecta palma para construir los techos de las casas y se obtiene madera para las paredes y los horcones que la estructuran. Asimismo, en algunas comunidades se recolecta palma camedor para la venta.

muestra el hecho de que lo primero que hacen al asentarse es construir una "champa" para protegerse de la lluvia e iniciar los trabajos de roza, tumba y quema para sembrar maíz. Sólo así se asegura la vida de la familia, la que se trasladará en un segundo momento al lugar domesticado.

Hacer milpa es sinónimo de colonizar, es el *motor vital* y único de la colonización. Las narraciones manifiestan la abundancia de maíz como símbolo de vida, y la escasez como presagio de muerte. Así, el recuerdo más amargo para los colonos se evoca con la frase "llegamos antes que saliera el maíz", mientras el más feliz se expresa con "la primera cosecha dio unos maíces bonitos, grandotes, mucho, mucho maíz".

Sin embargo, en el trabajo de campo y la historia oral llama la atención el hecho de que en algunas colonias desaparece ese motor vital; en cambio, aparece en el primer plano la búsqueda de tierra para hacer potrero. Esta preocupación resalta como móvil del desplazamiento de población y se constituye en el *motor aparente*. No en todas, pero sí en muchas comunidades este impulso cobra en el discurso casi igual importancia que el motor vital.

Ejemplo de ello es el caso de Betania, población localizada a ocho kilómetros del lago Miramar, en pleno corazón del valle de San Quintín (microrregión Betania, mapa 13), cuyos habitantes migraron de las fincas Martinica y Xaac y del ejido Rosario Pacaya, situados en la microrregión Patihuitz. Así lo dice la voz del grupo de viejos y fundadores de dicha colonia:

...unos nacimos en Santa Elena, allá por Margaritas; otros ya nacimos en la *pinca* La Martinica, propiedad del difunto Adán Albores. Era una *pinca* grande, donde se sembraba caña, maíz y un poco de tabaco y chile. También tenía el patrón ganados.

Antes de trabajar con el patrón no conocemos el ganado, no sabemos si es animal o cosa, pero en la *pinca* el patrón tenía un poquito de ganados... cuando trabajamos con patrón ahí lo vimos... pero no aguantamos con patrón y cuando vino la revuelta nos subimos pa'los nacionales, allá arriba, en Tzajalchib... ahí dilatamos como 20 años [1930-1950].

Regresamos otra vez a la *pinca* Martinica por motivos que había unos animales; como quien dice que cuando estuvimos en Tzajalchib conseguimos un su caballito, pero la problema fue que allá no había buen agua, o sea buen arroyo, y queríamos hacer potreros, queríamos comprar ganados, pero como no hay agua es el motivo que vinimos otra vez a la Martinica. Al poco tiempo murió el patrón y a duras penas pudimos comprar cinco caballerías; entonces fue rancho La Martinica. Pero la problema es que sólo uno tiene su nombre en el papel, así lo hicimos, no sabemos. Las 15 familias ya teníamos en el rancho milpa, potrero, cafetal y cañal; allá lo tuvimos que dejar, pues llega el de la agraria y dice que no está nuestro nombre en el papel, entonces nos organizamos entre seis para platicar y salimos por el rumbo que vinieron antes nuestros primos, damos cinco vueltas para escoger el terreno hasta que levantamos nuestras casas y desmontamos.

Uno de los viejos afirma lo siguiente:

...nací en Finca Xaac, era del Ricardo el hijo del difunto Adán; de ahí me salí a Prado y luego me ingresé a Pacaya, pero ahí no hay suficiente agua, muy poca, no podía hacer potreros, durante nueve años estuve viviendo en Pacaya, hice milpa, sembré frijol, pero tengo cinco hijos varones y dónde van a agarrar su tierra... oí que los de La Martinica van a ir a buscar tierras y les fui a preguntar si les falta compañía, no tengo ni un animal, no hay dónde ponerlos... me gusta que los martiniqueros van a ir a buscar potrero.

Uno de los fundadores exclama, al contar el cuarto viaje exploratorio:

...como que estamos pensando que hay otro pedazo de terreno que no hemos visto todavía, no sabemos si está bueno o malo; entonces fueron a echar un su vuelta ese mismo día, lo vieron y se pusieron a pensar otra vez que están buscando un lugar para vivir, para hacer potreros y ese aguachinoso no va a servir... que tal un día vamos a tener su ganadito y si se entra el caballo, los ganados ahí van a quedar atascados... antes de venir algunos ya tienen su vaquita, su becerrito, otros no... yo sí tengo un becerrito que compré en Chapayal [finca vecina], otros lo compraron en *pinca* El Porvenir...

En Las Cañadas se pueden citar otros casos como éste, donde se muestra que los colonos conocen y se interesan por la actividad y algunos la practicaban en pequeña escala desde la finca de origen. Echan mano de las fincas vecinas para abastecerse de pies de cría.

En fin, el espíritu ganadero está presente desde la génesis de la colonización. No llega desde fuera y se impone como parte de un plan piloto de desarrollo; está desde el momento mismo de la selección de la tierra. En ese sentido, Hernández y Franco (1992: 86 y 89) sostienen que en el municipio de Palenque se han dado créditos a cerca de 32% de los ejidos ganaderos en los últimos siete años, pero que la ganadería en los ejidos tuvo su origen en los contratos de ganadería al partido, aunque ahora combinan en partes más o menos iguales ganado con crédito, en aparcería y en contratos de arrendamiento.

Ciertamente, es imposible desdeñar la importancia del crédito en la consolidación de la actividad en algunas comunidades, e incluso el arranque de la ganadería en otras; mas la evaluación justa de su papel supone la disposición de las autoridades correspondientes para dar acceso a la información pormenorizada, que ahora resulta difícil acopiar dado como se presenta el nivel de agregación y la dispersión de las fuentes de financiamiento.[9] Sin embargo, no se puede perder de vista que para los colonos minifundistas la ganadería es sólo una de las tantas actividades productivas que realizan, pero en las unidades milperoganaderas es un factor determinante para organizar el trabajo familiar y el comunal.

LOS FACTORES SOCIALES DE LA GANADERIZACIÓN

No hace falta ser ecologista para alarmarse con la presencia de potreros en la Lacandona. Es una realidad apabullante que muestra a la bovinocultura como la actividad más dinámica de la región. Basta sobrevolar el Primer Valle de Ocosingo para mirar las vacas y los potreros de los ranchos grandes y medianos, y el Segundo Valle de Ocosingo para observar el reticulado de pequeños propietarios también volcados a la actividad.

Puede pensarse que al aproximarse a la laguna de Miramar y a la Reserva Integral de la Biosfera Montes Azules la vegetación primaria hará su aparición triunfal; pero no, el valle de San Quintín

---

[9] Existen opiniones que responsabilizan al crédito otorgado por el FIRA, el Banco Rural y el Instituto Nacional Indigenista de promover la ganadería en la selva. Este no parece ser el caso de Las Cañadas. Al menos allí el crédito no fue el impulso original de la actividad, aunque ello no exime la responsabilidad gubernamental.

muestra amplias áreas destinadas a potreros pertenecientes a rancheros y ejidatarios. Incluso más allá de Miramar siguen los potreros, cafetales, acahuales y milpas (mapa 1).[10] En el extremo sur de la Reserva, frente al ejido Tierra y Libertad, se acaba el potrero, pues se inicia una elevación montañosa donde escasea el agua.

Un censo de 1990 muestra que Las Cañadas tienen poco más de un cuarto de su superficie con potrero y menos de tal proporción con café, maíz y frijol, mientras más de la mitad se conserva con "montaña" y acahual (gráfica 1). Si se considera únicamente la tierra ocupada, resulta que los pastos cubren más de la mitad, frente a una tercera parte destinada al cultivo de maíz y frijol, y apenas 11% al cultivo de café (gráfica 2).

A pesar de la alta proporción de tierra de uso ganadero, sólo la mitad de los productores cuenta con animales. Hay microrregiones donde la mayoría de las unidades practica la ganadería, aunque sea en muy pequeña escala, mientras que en otras zonas las familias con bovinos son minoritarias (CIEDAC, 1992: 116).

La cuestión presenta matices de acuerdo con el lugar de que se trate pero, a pesar de ello los potreros y los becerros están presentes en todas las microrregiones de la subregión Las Cañadas (gráfica 3 y mapa 13). Agua Azul se distingue por su vocación cafetalera frente a Amador y Betania, las zonas con menos cafetal y más potrero. Esto último tiene que ver con su localización en valles interiores: el Plan de Guadalupe y el de San Quintín, respectivamente.[11] Pero aun en áreas de colonización más antigua, deforestadas y con vegetación de bosque templado, como Patihuitz, los pastizales también existen.

Con base en el estudio de siete localidades de la microrregión Agua Azul realizado en 1987, Márquez (1988: 63 y 132) afirma la existencia de una vocación por la caficultura en comparación con la ganadería.[12] Pero a pesar de ello los pastizales se incre-

[10] Miramar está dentro de las tierras decretadas como reserva de la biosfera en 1977, pero esta acción resultó tardía pues con anterioridad se encontraban establecidas algunas colonias.

[11] Según datos de 1990, estas microrregiones tienen colonias con 70 a 90% del total de la tierra usada dedicada a potrero.

[12] Treinta por ciento de los productores no se dedicaban a la ganadería debido a sus bajos ingresos, o bien a que sus tierras se localizaban en la sierra; otros tantos no contaban con ganado a pesar de contar con pastizales, y otros más pagaban piso para mantener los pocos animales que tenían.

GRÁFICA 1. *Uso del suelo. Subregión Las Cañadas, selva lacandona, 1990*

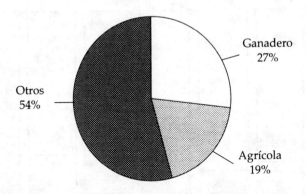

Ganadero
27%

Otros
54%

Agrícola
19%

FUENTE: ARIC Unión de Uniones, 1990.

GRÁFICA 2. *Distribución de cultivos. Subregión Las Cañadas, selva lacandona, 1990*

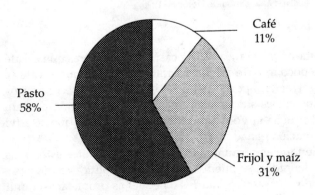

Café
11%

Pasto
58%

Frijol y maíz
31%

FUENTE: ARIC Unión de Uniones, 1990.

GRÁFICA 3. *Distribución de cultivos. Microrregiones de Las Cañadas, selva lacandona, 1990*

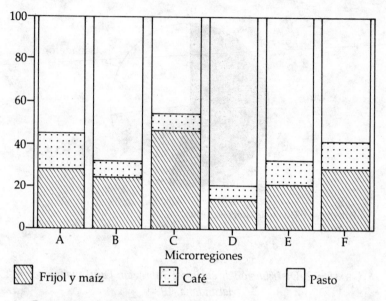

FUENTE: ARIC Unión de Uniones, 1990.

mentaron entre 1983 y 1987 casi 130%, mientras que el café creció sólo poco más de 1%. Otros autores afirman que el café en dicha microrregión aporta casi 60% de los ingresos económicos, parte de los cuales sirven para financiar la producción de ganado; lo cual prueba la vocación cafetalera, al tiempo que se advierte la orientación ganadera (*cf.* Márquez, *ibid.*).

Aunque en términos de identidad los límites están más o menos definidos, se pueden dar alianzas políticas o religiosas entre colonos, ya sean ejidatarios o pequeños propietarios minifundistas; pero el ranchero medio y grande es otra cosa. Con él se tiene una relación de naturaleza muy distinta: se va a trabajar de vaquero por días o semanas en su potrero, se le compra pie de cría, se le toma ganado "al partir".[13] Así, los colonos aprenden o re-

[13] En estos arreglos es frecuente que el ranchero aporte el hato reproductor,

fuerzan su conocimiento técnico de la ganadería y de esta manera las viejas fincas y los nuevos ranchos contribuyen a reforzar la tendencia a la ganaderización presente en las tierras del ejido.

Para redondear lo dicho hasta aquí y plantear cualquier propuesta de desarrollo en Las Cañadas de la Lacandona, en cuanto a la ganadería, se deben considerar los siguientes aspectos:

a) La ganadería está presente en muchas colonias desde su fundación, se echó a andar con capital propio y utilizando la fuerza de trabajo familiar y comunal. La inversión inicial para pie de cría, alambre y otros insumos vino de la venta de puercos o de café.

b) En la zona se presentó una modalidad de colonización inducida en términos de la dinámica estructural y espontánea en cuanto a las decisiones individuales, de tal manera que el Estado siempre estuvo a la zaga de los pobladores, ya que nunca ejecutó un programa de desarrollo social integral. Las agencias de gobierno sólo realizaron acciones aisladas, como respuesta a las demandas de los colonos organizados en uniones de ejidos. Tal es el caso de las negociaciones entre la Unión de Uniones, organización política subregional, y el Instituto Mexicano del Café (Inmecafé) o la Compañía Nacional de Subsistencias Populares (Conasupo).

c) La ganadería ejidal recibió apoyo institucional sólo en las últimas décadas y de manera marginal. Para algunas comunidades tales apoyos se encontraban limitados, y en algunos casos no eran sujetos de crédito, ya que no tenían su carpeta básica debido a los problemas agrarios de la zona. Según datos del trabajo de campo, en algunas colonias se recibió el primer crédito entre 1982 y 1984, cuando la colonia había sido fundada desde 1963. Dicho crédito contribuyó en parte a consolidar la actividad, incluso el pago a tiempo abrió las puertas para un segundo préstamo otorgado entre 1987 y 1988, que aún no puede liquidarse, fundamentalmente por los altos intereses que generó y en parte por la baja en los precios del becerro, así que más de una colonia se encuentra en las listas de cartera vencida del Banco Rural (Banrural).

d) La ganadería y la caficultura han permitido a algunas familias alejarse del nivel de infrasubsistencia. Han permitido la compra de ropa, zapatos y enseres de trabajo, solventar los gas-

mientras el campesino pone el potrero, y al repartir las crías el campesino recibe las hembras y el ranchero los machos (CIEDAC, 1992).

tos por enfermedades que requieren hospitalización, construir casas habitación o cubrir los gastos que conlleva casarse a la usanza tzeltal, como es "el costumbre".

e) Algunas familias optan por la ganadería frente a la cafeticultura, dado que el café, para ser bien cotizado, debe sembrarse en lugares de más altura que la regularmente encontrada, además de que, a falta de caminos, resulta muy costoso poner la producción en el mercado. Asimismo, influye que el café es un cultivo que requiere de una inversión en trabajo por hectárea de más de 100 jornales al año, mientras decenas de vacas y becerros pueden ser manejados por una familia, y ser arriados por las veredas de la selva sin mayor costo de transportación.

f) El cultivo de café y la crianza de ganado en la comunidad han permitido satisfacer las necesidades de servicios e infraestructura. En otras circunstancias, la satisfacción de estas necesidades correría a cargo del Ayuntamiento o del Departamento de Obras Públicas del Estado, pero dada la condición de los pioneros *selváticos,* sin reconocimiento oficial, ellos tuvieron que sustentarlas. Por ejemplo, corrió a su cargo la construcción de edificios públicos (agencia municipal, casa ejidal, agencia de salud y aulas), la apertura de tiendas cooperativas de consumo, la canalización para llevar el agua de los veneros hasta los poblados —lo cual implica la construcción de tanque, la compra de mangueras y llaves, la compra de camiones de tres toneladas que sirven para transportar gente y mercancías en los lugares donde existen brechas y terracerías—.

Además, los recursos generados por la venta de ganado y café permiten costear los viajes de las autoridades ejidales y de las comisiones campesinas para atender en la ciudad los asuntos agrarios, de crédito, de capacitación técnica y demás inherentes al desempeño de sus cargos. También sirve para pagar el transporte aéreo de los enfermos graves que no puedan trasladarse con sus propios recursos al hospital San Carlos en Altamirano.

g) En las comunidades maicero-ganaderas de Las Cañadas la vida colectiva se organiza en torno a la milpa y el potrero. Existen comunidades enteras con potrero y ganado trabajados en común, o con potrero en común pero ganado individual. O bien, existen grupos colectivos de producción de ganado financiados mediante crédito oficial en coexistencia con grupos de trabajo formados por una familia extensa con potrero y becerros aparte. Esto se presenta sobre todo en ejidos donde la tierra no se encuentra parcelada. En cambio, en ejidos con tierra parcelada la posesión de potrero se limita a la dotación individual de 20 hectáreas en un área bien delimitada, por lo cual frecuentemente buen número de ejidatarios se quedan sin acceso a los abrevaderos y por tanto se ven imposibilitados para establecer potreros.[14]

h) Finalmente, poseer ganado, criarlo y manejarlo lleva consigo un nivel de vida comparablemente mejor al de quienes no cuentan con reses. Asimismo, supone todo un *estilo de vida*. La cultura del colono-vaquero incluye desde montar caballo hasta una forma de vestir: pantalón de mezclilla, camisa a cuadros, bota de cuero de punta brillosa. La vida se percibe diferente arriba de un buen caballo; ir montado es diferente a llevar sobre los hombros la carga de maíz sólo con la ayuda de un mecapal. Ser vaquero supone ser valiente para desafiar al ganado; ser "muy" hombre.

ÚLTIMAS CONSIDERACIONES

Se caerá en malos entendidos si se deduce del análisis precedente que la ganadería como fenómeno real y apabullante es algo inevitable y debe alentarse debido a "los beneficios" logrados por algunas familias y comunidades. Ciertamente, los pastizales y los bovinos existen, a pesar de que los créditos oficiales no fueron su impulso original; frenarlos, como se hace ahora, no será acción suficiente para ver su fin. Un decreto de veda ganadera sin alternativas reales y viables sería una salida fácil al desentenderse de las cuestiones organizativas y culturales que ha llevado consigo la ganadería. Sin embargo, a la par está el alto costo ecológico que representa.

Cómo hablar de beneficios reportados por la ganadería a los pobladores de la Lacandona, cuando se trata de una actividad practicada con poca eficiencia, con una carga animal apenas de una cabeza por hectárea, especializada en la cría de becerros

[14] A mediados de los años setenta un grupo de ejidatarios perjudicados de tal manera emigraron selva adentro en busca de lo que les faltaba: agua para criar ganado. Así nació, con la migración de los expulsados del ejido Emiliano Zapata, la colonia Tierra y Libertad.

para venderlos a intermediarios que los sitúan en los centros comerciales de la región para que de allí sean comprados por los grandes engordadores del estado, y sobre todo de Tabasco y Veracruz, quienes sí cuentan con una verdadera capacidad para beneficiarse en el sentido capitalista.

Efectivamente, sólo en sentido relativo es posible hablar de beneficio para los criadores minifundistas. Las ventajas de la ganadería deben ponerse frente a las otras actividades; frente a la cafeticultura, que requiere mucha mano de obra y tiene un mercado altamente vulnerable; frente a la engorda de "coches" (puercos), que requiere mucho maíz y consecuentemente también supone desmontes de selva, o frente a la actividad forestal, vedada desde 1989 por decreto gubernamental.

La otra cara de la moneda es que la ganadería (y también la cafeticultura, aunque en menor medida) ha contribuido al proceso de diferenciación económica en las comunidades, además del daño ecológico que provoca. Pero éste no es producto del gusto personal y colectivo por la ganadería como resultado de poseer un espíritu maquiavélico de marabunta depredadora. Para entender tal gusto debe apelarse a la explicación estructural referida páginas atrás.

Las Cañadas, la Lacandona y Chiapas se circunscriben dentro de un proceso mayor de ganaderización del trópico húmedo mexicano, el cual tan sólo en la década de los años setenta triplicó sus pastos naturales (Villafuerte y Pontigo, 1989: 115). Es decir, existe una ganaderización general, en nada exclusiva de la Lacandona, que abarca prácticamente todas las regiones y tanto a productores privados como a ejidatarios. Basta ver que los ejidos y comunidades agrarias del estado tienen en promedio 30% de su superficie para uso ganadero (INEGI, 1991: 15), proporción prácticamente igual en Las Cañadas (gráfica 1) y en la propia selva (región VI, gráfica 4), mientras que otras regiones de Chiapas (mapa 15) duplican dicha media, y sólo Los Altos (región II) y la Sierra (región VII) están sensiblemente por abajo de dicho promedio (gráfica 4). Además, una proporción mayor a 50% de los ejidos y comunidades agrarias de las regiones del estado (a excepción de Los Altos, la sierra y el Soconusco) tiene el ganado bovino como especie animal principal (op. cit., p. 40).

Un cambio profundo supone que la bovinocultura deje de ser

GRÁFICA 4. *Tierra dedicada a la ganaderia (%). Regiones de Chiapas,
1988*

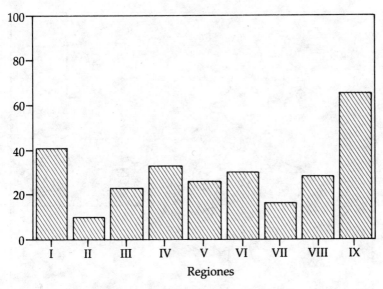

FUENTE: INEGI, 1991:16.

un proceso productivo dividido, que pone en manos de los campesinos del trópico húmedo la cría de becerros. Únicamente un
cambio estructural en las relaciones campo-ciudad, en el patrón
alimentario y en las políticas de desarrollo desestimularía la actividad. De otra manera sólo se estaría generando el clandestinaje,
el contrabando y una mayor pobreza.

En el sur habría que luchar contra ganaderos privados, contra
redes de intermediarios comerciales y contra la influencia de las
zonas aledañas a la selva (el norte de Chiapas, Tabasco, los valles
comitecos, el sur de Campeche), que como regiones ganaderas
hacen fluir capital a la Lacandona mediante la compra de becerros.

Desbancar la ganadería sin detrimento del bienestar social
implicaría tener o impulsar desde el Estado opciones que permitan el uso y la conservación de los recursos naturales. Actividades

MAPA 15. *Selva lacandona en el marco de la regionalización económica oficial de Chiapas, 1993*

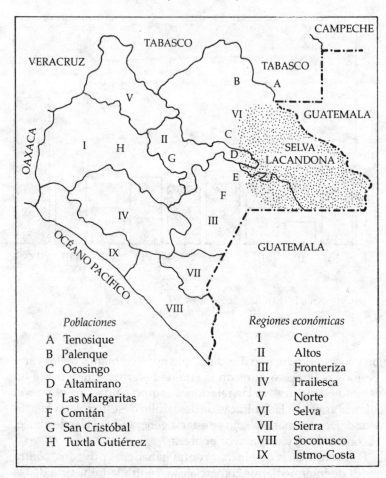

Poblaciones		Regiones económicas	
A	Tenosique	I	Centro
B	Palenque	II	Altos
C	Ocosingo	III	Fronteriza
D	Altamirano	IV	Frailesca
E	Las Margaritas	V	Norte
F	Comitán	VI	Selva
G	San Cristóbal	VII	Sierra
H	Tuxtla Gutiérrez	VIII	Soconusco
		IX	Istmo-Costa

FUENTE: Gobierno del Estado de Chiapas, s./f.

que ofrezcan un mercado seguro, que proporcionen los recursos económicos demandados por los colonos, que les permitan organizar el trabajo en las colonias, y que a través de un proceso de resocialización les despierten el gusto por otras tareas. Quizá los proyectos aislados que algunas agencias de gobierno han emprendido no han cumplido dicho requisito.

Epílogo

Los colonos de la selva no están sentados esperando a que llegue la solución a sus problemas de desarrollo. Ellos mismos están conscientes de la necesidad de intensificar el uso de los potreros existentes, han enfrentado el problema de la deforestación y han acordado en sus ejidos no talar más montaña para sembrar pasto; incluso, han decretado zonas de reserva comunal con la mira de conservar "la casa del mono zaraguato" y de beneficiar a las generaciones futuras. A través de sus organizaciones han planteado propuestas concretas para mejorar sus niveles de vida y de bienestar social. Pero eso es pretexto para otra reflexión (cf. apéndice II).

Chiapas, 1992

MILITANCIA POLÍTICO-RELIGIOSA EN LAS CAÑADAS*

PRELUDIO

Incluimos el presente texto a instancia de los colegas que leyeron la versión original de esta antología. Como bien dijeron ellos, hoy por hoy es imposible soslayar el factor político-religioso si se trata de lograr una comprensión cabal de la región en el marco del conflicto armado.

Por ello mismo, es relevante señalar los avatares por los que pasó la publicación original de este capítulo. Fue escrito en 1992 como resultado de un largo estudio iniciado en 1987. Entonces la autora llegó por vez primera a la región, caminó a la selva y convivió con la población local, igual que lo hizo nuevamente entre 1990 y 1993, cuando sólo unos cuantos se ocupaban de trabajar y pensar en Las Cañadas.

El primer borrador fue leído y comentado por actores destacados de la vida local-regional: campesinos indígenas, religiosos de la parroquia Ocosingo-Altamirano y asesores políticos. Un año después, en mayo de 1993, el ejército incursionó en Las Cañadas. Los periódicos hablaron de "inspecciones rutinarias" y de un muerto, por allá, por el rumbo del Carmen Pataté (cañada de Patihuitz). Las versiones oficiales no cambiaron el tono de sus declaraciones, pero en la zona el rumor del inicio de la lucha armada estaba por hacerse realidad; ya muchas veces habíamos oído de fechas que anunciaban la toma de la ciudad de Ocosingo.

Por esos meses un periódico chiapaneco afirmó la existencia del Procup en la Lacandona, según se desprendía de la investigación antropológica realizada en la región. Esa fue la deducción de un periodista al leer "Espacio y organización social en Las Cañadas",

* La versión original fue publicada en la revista *Espiral. Estudios sobre Estado y Sociedad*, volumen I, núm. 2, enero-abril de 1995, Guadalajara, Jalisco, Universidad de Guadalajara, pp. 59-88.

que se incluye en esta obra, donde se hablaba de la presencia (en los años setenta) de la organización llamada Unión del Pueblo. Por aquel entonces el borrador de "Militancia..." estaba siendo revisado para su publicación en una prestigiada revista mexicana. El dictamen llegó a finales de 1993, y en él se calificaba el texto como "interesante recuento histórico... de un movimiento comunitario", y terminaba diciendo que dejaba de lado experiencias similares ocurridas en América Latina.

A la luz de los acontecimientos de 1994, el texto se redimensionó, pues el núcleo central del Ejército Zapatista de Liberación Nacional (EZLN) se encontraba, nada más ni nada menos, que en Las Cañadas. Sin embargo, el artículo siguió inédito, mientras que la Procuraduría General de la República, funcionarios de gobierno y el propio Presidente hablaban de la existencia de "instigadores del movimiento armado" y de "culpables". En ese ambiente, un día del mes de febrero, sin previo aviso, fragmentos de "Militancia..." aparecieron en la revista *Proceso*. Uno de los articulistas de dicha revista lo utilizó para demostrar que del Congreso Indígena al EZLN la línea era clara, y fundamental el papel de la Teología de la Liberación que practicaban los sacerdotes de Los Altos y la selva de Chiapas. Unos meses antes, el mismo texto había sido quemado en la parroquia Ocosingo-Altamirano, al tiempo que se daba la "batalla de Ocosingo" y el ejército revisaba hasta por debajo de las piedras.

Fueron finalmente los doctores Jorge Alonso y Jaime Tamayo quienes rescataron el texto y lo propusieron para su publicación al comité editorial de *Espiral*, revista editada en la Universidad de Guadalajara. Así, en abril de 1995 "Militancia..." dejó de ser un vago semiclandestino.

Esta breve historia viene a cuento para destacar tanto la posibilidad de mil lecturas del texto como la factibilidad de manipulación y tergiversación de las afirmaciones contenidas en él. De eso es consciente la autora. Sin embargo, el interés que nos mueve a reeditar el texto es el de mostrar la complejidad de la historia regional en Las Cañadas, de la que el EZLN también forma parte. Para entender el proceso no son suficientes meses, semanas o un año de entrevistas; es necesario conocer a profundidad de dónde vienen las generaciones de colonos *selváticos*, cuáles han sido sus condiciones de vida, cómo salen y entran de la clandes-

tinidad, por qué unos optan por esa vía y otros la rechazan, cómo
se da el encuentro de las comunidades con los diferentes asesores "caxlanes" que han pululado por la zona.[1] A esta interpretación comprensiva es a la que aspiramos y en la cual inscribimos
este modesto aporte.

Xochitl Leyva Solano

Jovel/primavera de 1995

Un poco de historia

Mil novecientos ochenta y siete, el corazón de la Lacandona:
Guanal. Aquí, en "el lugar de los guanos", 250 delegados de la
Unión de Uniones celebran una asamblea general. Atrás quedó
el mito de la selva como jungla inexpugnable llena de fieras y
salvajes. Ante mí se yerguen tzeltales, choles, tojolabales, tzotziles y mestizos, quienes se expresan como un *todo social* único con
identidad particular. Uno no puede menos que preguntarse por
los elementos que permitieron el surgimiento de esta organización multiétnica que aglutinaba, a finales de los años ochenta,
117 ejidos y 24 rancherías.

El presente texto analiza algunos aspectos que contribuyeron a
la conformación histórica de Las Cañadas como subregión de la
selva y asiento de la Unión de Uniones (U. de U.). Se muestra
cómo a partir de la convergencia de la Teología de la Liberación,
el maoísmo y la etnicidad se construye el *sentimiento comunitario*
de los colonos *selváticos* de Las Cañadas. Sustento social del movimiento político en la zona. Se parte del análisis de documentos
religiosos y políticos producidos en la década de los años setenta, los cuales guiaron el comportamiento (social) dado en el marco de la lucha agraria por La Brecha.[2]

Las Cañadas Ocosingo-Altamirano se correspondía, hasta hace
poco, con el radio de acción política de la U. de U. Esta subregión
no está definida sólo por el criterio analítico del investigador,

[1] Llámase así a los agentes externos a las comunidades, que se identifican con
las demandas campesinas y se incrustan en la vida política cotidiana de la organización, colaborando en la definición de su dirección y sentido. Los campesinos
distinguen dos tipos: los "asesores técnicos" y los "asesores políticos".
[2] Llámase así al conflicto agrario surgido a mediados de los años setenta cuando se da la "restitución de bienes comunales" al grupo lacandón.

quien por lo general regionaliza como un cirujano disectando un organismo. No, por el contrario, los *selváticos* se autodenominan habitantes de Las Cañadas para diferenciarse de los de la Comunidad Lacandona, de los de Marqués de Comillas o de los del norte de la selva (mapa 5).

En la década pasada, la U. de U. tuvo un territorio definido sobre el que ejerció un control casi absoluto. Por mucho tiempo, por ejemplo, ningún empadronador oficial o funcionario de casilla electoral cruzó el umbral. Sólo algunos penetraban en él: los agentes de pastoral, los asesores y los compradores de puercos, café y ganado. Intermediarios de muy distinta naturaleza: de lo religioso, de lo político y de lo económico, respectivamente.

A finales de los años ochenta, la U. de U. estaba formada por 6 000 familias distribuidas en ejidos y rancherías localizadas en cañadas, valles y mesetas pertenecientes a las Montañas de Oriente del estado de Chiapas. El 90% de sus afiliados fueron peones de fincas maicero-cañeras, ganaderas o cafetaleras del municipio de Ocosingo o del norte del estado. El otro 10% lo constituían indios oriundos de las comunidades del norte y de Los Altos. Sus militantes son principalmente mayas: tzeltales, tzotziles, choles y tojolabales. Aunque también son miembros de la organización pequeños propietarios ladinos,[3] quienes por lo general manejan el tzeltal, *lingua franca* en la subregión.

Cuando los peones acasillados abandonaron las fincas y se dirigieron hacia el Desierto de la Soledad se da inicio al *éxodo*. La manera como se pobló la selva muestra que los primeros migrantes siguieron en contacto con quienes se habían quedado; a veces, incluso, les ayudaron a emigrar y a encontrar nuevas tierras para colonizar. Así que, a pesar de quedar dispersos en el área, los colonos conocían la localización de parientes, amigos y compadres. Además, los errantes tenían un origen socioeconómico similar; era gente sin tierra que poseía sólo su fuerza de trabajo y algunos puercos y perros. Eran trabajadores pobres convertidos en pioneros. Estas dos características favorecieron la identificación política que ocurrió a principios de los años setenta.

Lo que hoy conocemos como Asociación Rural de Interés Colectivo Unión de Uniones (ARIC U. de U.) es producto de un lar-

---

[3] Dueños de media, una o dos hectáreas.

go proceso histórico de identificación y organización cuya génesis puede encontrarse en el latifundio chiapaneco del siglo pasado y en las migraciones campesinas de las primeras décadas de éste. Dicho proceso se formalizó con la constitución de la unión de ejidos Quiptic ta Lecubtesel,[4] la cual, aliada a otras uniones de ejidos del norte y de los llanos, devino en Unión de Uniones y posteriormente en ARIC Unión de Uniones. Estos cambios permiten marcar etapas en la vida de la organización: la primera comprende 1973-1982, la segunda 1983-1987, la tercera 1988-1993 y la cuarta se inicia el 1º de enero de 1994.

La primera etapa comienza en el año de preparación del famoso Congreso Indígena. Las comunidades identifican sus demandas, las discuten, las estructuran, surgen líderes y, así, poco a poco, se va dando la convergencia de varias comunidades que más tarde formarán legalmente la Quiptic ta Lecubtesel (en 1975). Unión de ejidos constituida en el marco del echeverrismo y después en el del Congreso Indígena.

Cuando hablamos del Congreso Indígena nos referimos a un *proceso* iniciado en 1973 y declarado formalmente finalizado en 1977, pero cuyas repercusiones se viven hoy en día en el campo chiapaneco. Aunque el evento de convergencia india-campesina se da en octubre de 1974, se habla de un proceso, pues éste implicó la preparación de las ponencias, y con ello la discusión en las localidades indias de las condiciones políticas y económicas en las que vivían choles, tojolabales, tzeltales y tzotziles de Chiapas. Después de celebrado el Congreso se realizaron varias actividades derivadas de los acuerdos tomados en él (*cf.* Morales, 1992*b*, y bibliografía citada por él). En la zona cristalizó entonces la unión Quiptic.

Los miembros de ésta eran habitantes de las cañadas de Patihuitz y San Quintín, quienes se organizaron en torno a demandas agrarias y de servicios. En pocos años la unión pasó de 18 a 50 localidades afiliadas. Ante lo álgido del conflicto por la tierra y la marginación de la zona, el ejemplo se difundió poco a poco y aparecieron otras uniones de ejidos. Todas formaron, en 1980, la Unión de Uniones Ejidales y Grupos Campesinos Solidarios de Chiapas. Organización de 156 comunidades localizadas en 13

---

[4] Nombre tzeltal que quiere decir "nuestra fuerza para la liberación".

municipios, cuyo funcionamiento se dio con base en comisiones: de café, ganado, salud, etcétera.

Pero la segunda etapa empieza en 1983 con una ruptura en el interior de la U. de U., misma que desmembró a la organización: la creación de una unión de crédito quebró el proyecto global; sobrevino la escisión que dio paso al reacomodo de alianzas y a la conformación, en la zona de la selva, de una nueva agrupación de ejidatarios y pequeños propietarios. Para diferenciarse de la nacida en 1980, esta nueva organización recibió el nombre de Unión de Uniones Ejidales y Sociedades Campesinas de Producción de Chiapas.

La constitución de la U. de U. en ARIC, en 1988, marca el inicio de la tercera etapa. Con ello los colonos buscaban un nuevo camino, la organización de productores. Esto se vio favorecido con la entrega, en 1989, de resoluciones presidenciales a varios ejidos selváticos; lo cual no significó que el conflicto agrario desapareciera; sin embargo, favoreció la consolidación económica de la organización y su carácter de interlocutor válido ante el Estado, de acuerdo con la política de "concertación" pregonada en el sexenio salinista.

La cuarta etapa aún se vive y se inicia con la irrupción del movimiento armado (1994). Es entonces cuando el EZLN se muestra abiertamente como un actor político, ya no sólo de Las Cañadas sino del país en general. El EZLN crece sobre la base social de ARIC U. de U., la merma y la divide. El avance sobre ella es conflictivo y lleno de altibajos. Las dobles militancias son frecuentes, y a veces se habla de que la ARIC ha caído en manos de los que propugnan por la vía armada. En otras ocasiones hay luchas fratricidas entre líderes indígenas que no quieren "entregar la organización de tantos años" a manos de los mandos militares. Todo transcurre subrepticiamente en el mundo indígena y pocos "caxlanes" conocen el avance real del movimiento.

EL SENTIMIENTO COMUNITARIO

El soporte de la ARIC U. de U. se encontraba en la fuerza social de las localidades que la constituían. Dentro de ellas y sobre ellas se erigían estructuras organizativas y dinámicas de trabajo más amplias. Como puede apreciarse en el organigrama 2, aunque el máximo órgano de representación política era la Asamblea General de Delegados, a ésta acudían los delegados llevando los acuerdos tomados en las asambleas regionales y discutidos previamente en las asambleas comunales.

En las comunidades ejidales, día tras día el *sentimiento comunitario* se recreaba con el habla materna, las relaciones de parentesco y compadrazgo, los trabajos colectivos, la práctica de una sola religión, el enfrentamiento ante el finquero/ganadero/caxlán, y con el desempeño de algún puesto público local, subregional o en la ARIC U. de U. Pero, ¿cuál es la génesis de ese sentimiento de pertenencia y qué contenido tiene ese "nos-otros"?

El *sentimiento de comunidad* se cimenta en la identidad étnica y se refuerza a través de dos prácticas sociales: la acción de la pastoral impulsada en la selva desde la década de los años sesenta, inspirada y transformada a raíz de una serie de sucesos que cimbraron a la Iglesia en América Latina (el Concilio Vaticano II, el Consejo Episcopal Latinoamericano de Medellín, la Declaración de Barbados, el Encuentro sobre Misiones en Melgar); y, desde mediados de los años setenta, la acción político-ideológica sustentada por corrientes de la "nueva izquierda",[5] tales como Unión del Pueblo (UP), Política Popular (PP) y la Organización Ideológica Dirigente (OID). Vayamos por partes.

Communitas *religiosa*

La acción pastoral practicada en los años setenta recreó el *sentimiento de comunidad*, es decir, de "ser parte de", de "comulgar con", de "ser y estar con unos". Este sentimiento de pertenencia

---

[5] Llámase "nueva izquierda" a las corrientes, grupos políticos o "grupúsculos" surgidos después del movimiento estudiantil del 68, que van más allá de la actividad política electoral y partidista. Según Gordillo (1988b: 252) "...una consecuencia de vastas proporciones de la matanza de Tlatelolco es una especie de *éxodo* —'ir al pueblo, servir al pueblo'— de segmentos significativos de las clases medias urbanas..." Estos orientadores sociales se vincularon a las luchas sociales, impulsaron el surgimiento de movimientos campesinos independientes o se incrustaron en focos guerrilleros presentes en los estados de Guerrero, Chihuahua y Sonora. En ciudades como Monterrey, Durango, Torreón y Chihuahua contribuyeron a la organización de colonias populares, frentes amplios y movimientos sociales urbanos (Ramírez, 1986: 35-85).

ORGANIGRAMA 2. *Estructura de la* ARIC *Unión de Uniones* (1990)

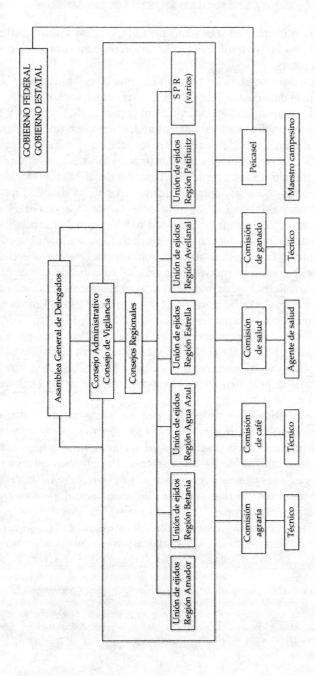

FUENTE: Trabajo de Campo 1987, 1990-1993.

abarca en un primer momento un todo general y universal sustentado en la Teología de la Liberación, el cual comprende a *todos los pobres.*

Sólo en un segundo momento el "nos-otros" alude a un referente más particular, *"Jcomonaltic"*, como dicen los tzeltales, "nosotros los comunidad", por evocar al conjunto de hombres y mujeres que viven en una misma colonia, comparten una militancia, un credo, un sistema de cargos, un territorio y una historia *matria.*

Estas dos percepciones de identidad están ligadas en particular al trabajo de los agentes de pastoral de la Misión Ocosingo-Altamirano, quienes, como muchos otros de la diócesis de San Cristóbal, hablaban (en los años setenta) de "leer los signos de los tiempos", de tomar "la realidad como punto de partida". Este sector de la Iglesia descubrió al hombre "aplastado y despojado, [evidenció] la exigencia del anuncio de un Evangelio especialmente liberador. [Argumentaba que la] historia de salvación no se desarrolla[ba] etéreamente sino concretamente en... situaciones históricas" (Ruiz, 1987, núm. 1, p. 16); por eso la Iglesia católica tenía el compromiso de transformar la realidad actual, donde los pobres eran víctimas de una situación "estructural de dominación". El obispo de la diócesis de San Cristóbal, Samuel Ruiz, afirmaba que "si seguimos la opción evangélica tenemos que desmantelar las estructuras que están... en favor de la dominación" *(op. cit.).*[6]

La estructura de dominación prevaleciente en los municipios de Ocosingo y Altamirano no era la excepción; por el contrario, los latifundios con peones acasillados estuvieron presentes hasta fines de la década de los años setenta. Por ello, los peones emigrados a la selva acogieron como suyo el discurso de los *pobres,* por medio del cual marcaban su diferencia social y étnica frente a sus antiguos patrones: "ricos/finqueros/caxlanes".

La Teología de la Liberación les permitía identificarse con los indios de otras latitudes chiapanecas, así se puso de manifiesto en el Congreso Indígena celebrado en 1974 en San Cristóbal. De-

---

[6] Las Cañadas son atendidas por la parroquia Ocosingo-Altamirano, la cual, a su vez, es parte de la jurisdicción de la diócesis de San Cristóbal de Las Casas. A ésta llegó en 1960 el obispo Samuel Ruiz; tres años más tarde llegaron a Ocosingo los frailes dominicos de la Provincia del Santo Nombre de California y después fueron sustituidos por la Provincia de Santiago.

trás de la organización del Congreso estaba el trabajo de base de religiosos y laicos que habían ido a comulgar con los indios y habían contribuido a la sistematización de sus necesidades y experiencias. Ello permitió que el Congreso, después de haber sido una iniciativa gubernamental, se convirtiera en un lugar de convergencia de los indios de Chiapas (*cf.* Morales, *op. cit.*). Muchos de ellos, desde años atrás, bajo el influjo de la *nueva* pastoral.

En otro nivel, dicha teología era la puerta perfecta para escapar de un pasado de "opresión y miseria" *(sic)* vivido en las fincas. Era imposible, desde el punto de vista del colono, recrear la vida en la selva sin llevar a cabo una ruptura drástica con el pasado. El presente en la colonia selvática no podía ser una mera continuación del quehacer en la finca. Por el contrario, tenía que surgir de una ruptura radical y ser una opción alternativa-liberadora.

Alejos (1992), al analizar el discurso de los campesinos en referencia a la "época del mozo o época del baldío", apunta que para los trabajadores choles de las fincas cafetaleras del norte de Chiapas

la época es vista en términos absolutamente negativos, como un tiempo de esclavitud y pobreza que superaron luchando duramente... Los choles hablan negativamente del sistema de fincas de antaño... En la conversación, Juan centra su interés en la dureza del trabajo y en la pobreza de los mozos, la crueldad del patrón y sus ayudantes, la guerra y la liberación de los campesinos (*ibid.*: 1, 3 y 5).[7]

Bien enfatiza el autor que

el sentido mentado de los relatos agrarios... es en esencia ideológico-cultural y no histórico, [es] la consigna de su concepción frente al entorno social y cultural, con que distingue... al nosotros de los otros (*ibid.*: 1 y 2).

Dicha esencia ideológico-cultural tuvo un sustrato estructural, como bien lo muestran García de León (1985), Ruz y Gómez (1992) y Baumann (1983); por eso los pioneros *selváticos* acogieron el discurso ideológico-religioso "liberador" de la pastoral para

---

[7] Confróntese el discurso de otros peones de las fincas de Ocosingo en los capítulos anteriores.

luchar contra ese pasado valorado en términos negativos y así reconstruir su identidad.

Lo anterior fue posible gracias a que los nuevos aires permitieron cuestionar las formas tradicionales de impartición de la catequesis. Así, hacia 1971, los misioneros (dominicos) de la parroquia recorrieron la zona con el interés tanto de conocer las costumbres y tradiciones como la situación real en que vivían sus feligreses. Este proceso de sensibilización contribuyó a que se volvieran los ojos a los textos sagrados y se buscara un eje aglutinador de todas las comunidades del área. Fue un agente de pastoral quien encontró en la noción de *éxodo* la síntesis de las múltiples determinaciones; "comprendió que las comunidades de la selva estaban viviendo su *éxodo*" (*cf.* Iribarren, 1991*a* y *b* y Coello, 1991: 64-88).

Para 1972 se empezó a hablar de catequesis de *éxodo*, como una nueva catequesis en donde las comunidades, y no los catequistas, eran el centro de la atención doctrinal. Es decir, las comunidades y sus miembros dejaban de ser recipientes pasivos mientras que los catequistas ahora sólo "recogían y desparramaban la palabra" (Coello, *op. cit.*: 66 y 72).[8]

---

[8] Un párrafo de la novela *Memorial…* recrea de manera magistral, desde la literatura, lo vivido en esa época y la influencia del discurso pastoral en torno a la noción de *éxodo:* "pero si ya hasta el padre lo tengo preguntado —dice el Ezequiel. Es que el otro día como lo tengo visto que se pasa padre junto al finca Mumumil [municipio de Tila], entonces lo cuento mi gusto para que voy a buscarlo mi tierra, y ai lo pregunto para que me da consejo o, según, un su palabra que lo entra en mi entendimiento mi persona. Entonces, padre Julián, como se llama, dice que está bueno. Que si así es mi gusto para caminar, dice, entonces tá bueno para que me voy. Así se pasa, dice, con muchos gentes. Es como si lo oyen sus palabras del Yavé que los manda para que salen en sus casas; ni modos que no lo van a obedecer. Se tienen que jalar pa' donde se encuentra su llamado, dice. Un ejemplo, es con pueblos de judíos, dice. Ai que los jala onde se andan de esclavos en Egipto, y ai que se los lleva en desiertos y tierras que los tienen miel en lugar de aguas y leches en lugar de ríos porque así era su gusto de comer los egipcios, dice. Ai esa vez, no es que luego luego están para hacerlo caso su palabra del Yavé, dice. ¡Qué va a ser! Lo hacen sordo su oído, dice. Entonces, dice, de una vez que los chinga para que se andan perdidos en chingos de años, dice. Es como se llama de Éxodo, dice. Por eso, si es que vos lo tenés tu llamado, dice; mejor que te vas, no vaya a ser que te pasa tu chinga, dice. Así como vos hay hartos otros que igual lo tiene su llamado, dice. Ya bastante se encuentran sus casas en selva. Es que están de Éxodos, dice. Entonces, mejor te vas, porque así lo dice su palabra en Escrituras: "dejá su casa, tu papá y tu mamá y mejor te vas en tierra que te voy a decirte", dice. Ora vos también ya estás en Éxodo, dice. Que ai te vaya bien; me dice sus palabras padre Julián. Por eso que ya se anda completo

Durante el periodo 1972-1974 los catequistas y las comunidades discutían sobre libertad, fe, esperanza y caridad. Las participaciones se grababan y luego se transcribían. Al principio la síntesis la realizaban los misioneros, pero después fueron los mismos catequistas-indios quienes escribían. De ahí surgieron algunas lecciones que se recopilaron en el catecismo doctrinal intitulado "Estamos buscando la libertad" (s./f.). Catecismo escrito en lengua tzeltal, fruto de la lectura y reflexión de los textos sagrados a la luz de la historia particular y de la vida cotidiana en Las Cañadas.

La revisión de algunas secciones de ese catecismo muestra cómo se construyó la analogía entre la migración a la selva y el *Éxodo* judío. Cómo surgió el sentimiento de nosotros en sentido inclusivo.

> Como dijiste, Señor, a los antiguos israelitas cuando vivían como esclavos: "He visto los sufrimientos de mi pueblo. He oído que me piden ayuda llorando. Vengo para liberarlos de sus opresores y llevarlos a una tierra buena y espaciosa que da muy buenos frutos" (Éx. 3, 7-8, *cit*. C 28, 8).

> Dios quiere que salgamos a la libertad, como el antiguo pueblo judío. El pueblo judío vivía en tierras de otro pueblo, llamado Egipto. La tierra no era de ellos, trabajaban como esclavos sufriendo muchas necesidades. Entonces Dios habló en el corazón de uno de los principales, y le dijo: "He visto los sufrimientos de mi pueblo, he escuchado el llanto que le arrancan los capataces. He bajado para liberarlos de los sufrimientos que están pasando y los voy a llevar a otra tierra mejor". Y le dijo Dios a Moisés: "yo te mando que saques a mi pueblo de Egipto, yo seré su Dios y estaré siempre con ustedes ayudándolos" (Éx. 3, 7-12, *cit*. C 51).

> Dios quiere que dejemos todo lo que nos aplasta. La palabra de Dios nos dice que como comunidad debemos salir a buscar la libertad. Dios dijo que si estamos buscando el mejoramiento y la libertad, Él nos estará acompañando (C 51, 6-17).

> Cuando los israelitas vivían como esclavos tuvieron que salir y pelear para conseguir su libertad. Cuando nuestros antepasados vivían como

su decisión mi corazón. —Es como dicen sus palabras el Ezequiel—" (Morales, 1987: 137-138).

mozos, ellos también tuvieron que luchar unidos para ganar sus tierras. Esos eran hombres de mucha fe, y la mostraban con su trabajo. Por su fe y su lucha hoy tenemos tierra y vivimos libres en colonias y ranchos. Pero la verdadera libertad no ha llegado todavía. Tenemos que coger fuerza en nuestros corazones, y luchar y sufrir mucho todavía. Tenemos que luchar contra la pobreza, el hambre y la injusticia (c 79, 12-17).

Esta interpretación de los libros sagrados legitima la colonización y abre perspectivas para construir la "vida nueva" en la "tierra prometida", en la selva. En esta visión profética la "nueva vida" será mejor y distinta a la anterior. El fundamento está en Éxodo 3, 8, retomado por los colonos en estos términos:

Hermanos, estamos esperando con mucha alegría que se cumpla plenamente la promesa de Dios. Desde antiguo Dios ha prometido a los hombres una tierra nueva, diciendo: "He bajado para librar a mi pueblo de la opresión y para llevarlo a un país grande y fértil; a una tierra que brota leche y miel" (c 106, 1-2).

Pero la "tierra nueva" requiere de un "hombre nuevo", el libro catequístico dice:

El hombre nuevo no es un hombre solo, sino un hombre comunitario, unido con todos sus hermanos por el Espíritu (Ef. 4, 4).

Entre todos hacemos un solo pensamiento, un solo trabajo, un solo corazón con una misma esperanza (c 114, 9-12).

Bajo esta filosofía el hombre únicamente es *ser social* en cuanto miembro de la comunidad, "Jcomonaltic". Resultaba fundamental revalorar la vida en comunidad entre pioneros en busca de identidad y de formas nuevas de organización.

Para construir las colonias selváticas también se recurrió a los textos sagrados y a su interpretación. Se centró la reflexión en temas como la tierra y el alimento, la ley de Dios y de los hombres, la manera particular de ser (la cultura), la necesidad de hacer trabajos en colectivo, de llegar a decisiones en común. En su momento, plantearlos como puntos de discusión con los indios implicaba ruptura y cambio en las relaciones indio-ladino e Iglesia-indios. Entonces, también se reivindicó el pensamiento como la mayor fuerza del individuo; el pensamiento que llevaba a la acción, a la praxis.

Todo apuntaba a revalorar la cultura indígena y a darle voz a los que siempre habían estado callados. Fue así como se gestó un espíritu supraindividual: el colectivo, o *comon* en tzeltal. Es decir, el conjunto de habitantes de una colonia que, reunidos en pleno, dictan normas que regulan el funcionamiento de todas las esferas de la vida social local. Por ejemplo, el pleno planea los trabajos en la milpa comunitaria, la construcción de edificios públicos (casa ejidal, casa de salud, aulas escolares, etc.), la apertura o el limpiado de veredas; y designa autoridades civiles y religiosas. También, el *comon* vigila el cumplimiento de las reglas de matrimonio y sanciona a los infractores, pues

> por medio de todo lo que hacemos en comunidad formamos un solo corazón en Cristo (C 101, 14). El trabajo y el amor de la comunidad es lo que nos lleva a la libertad (C 83, 9). La comunidad quiere determinar con las leyes cómo se deben hacer las cosas en la vida diaria (C 30, 4). La comunidad es una cosa que tenemos que hacer día a día (C 83, 7).

Entonces resultaba verdaderamente revolucionario afirmar que la fuerza social estaba en el pensamiento de los indios pioneros, ya que sostener esa posición era delinquir contra el *statu quo*. Contra él atentaba el proceso catequístico desatado desde principios de los años setenta. Los catequistas promovieron en sus localidades la participación de todos. Era necesario, afirmaban, expresar el pensamiento, hablar, opinar, leer la palabra de Dios, cantar, discutir en asambleas comunitarias, manifestarse en favor o en contra de los acuerdos. Así se buscaba borrar las diferencias causadas por procedencias diversas o hablas distintas. Se compartía una utopía, *la construcción del reino de Dios en la tierra*; ésta guiaba el trabajo y la vida cotidiana.

Communitas *política*

La práctica de la pastoral tiene un carácter eminentemente político debido a que atenta contra el sistema de poder prevaleciente en el estado; sin embargo, de lo anterior no se puede deducir que la Misión fue la promotora de la unión de ejidos Quiptic; más bien, fue la influencia del Congreso Indígena y el trabajo concreto de militantes de diferentes corrientes político-ideológicas lo que favoreció la cristalización de dicha organización.

Después del movimiento del 68 un grupo de profesores, estudiantes y trabajadores comenzaron a desarrollar una lucha "diferente a todas las anteriores" *(sic)*, la consigna principal era que "el pueblo decidiera por sí mismo". Esta corriente antagónica a la ideología de la izquierda tradicional afirmaba que los compañeros de la *Línea* tenían que "integrarse a las luchas del pueblo trabajador para ponerse a su servicio y ayudarle a organizarse y adquirir mayor conciencia con el fin de llevar adelante sus luchas" *(Línea, 1977, 1: 2)*.

La organización proletaria y de masas abogaba por el trabajo con la clase trabajadora del campo y de la ciudad: vivir con las masas, acompañarlas en su lucha cotidiana y dotarlas de elementos que les ayudaran a enfrentarse al enemigo "burgués" y "explotador". Es así como, desde 1976, militantes de la Unión del Pueblo (UP) llegaron a trabajar con los *selváticos:* hombres católicos, pioneros y colonos, a quienes les eran ya insuficientes las instancias religiosas para satisfacer sus demandas de tierra, servicios e infraestructura.

Dos años más tarde arribaron a la zona los "norteños", militantes de la corriente Política Popular (PP), llamados así pues provenían del norte del país, de la experiencia organizativa de la Coalición de Ejidos del Valle del Mayo y del Yaqui (Sonora). UP y PP fueron absorbidas por una estructura mayor, la Organización Ideológica Dirigente (OID), en cuyo interior se dieron "contradicciones fundamentales" que favorecieron la negación de la misma y que permitieron, años más adelante, consolidar en la zona una verdadera organización de masas.[9]

La estructura política se superpuso a la religiosa y, aunque aparentemente tenían serias diferencias en ritmos, discursos y estrategias, en lo cotidiano la *Línea* vino a reforzar y dinamizar el *sentimiento comunitario* y las formas de organización supralocal, como las uniones de ejidos.

[9] Poco se sabe sobre la historia de estas corrientes políticas y menos sobre su efecto en el Chiapas de hace dos décadas. Morales (1992b: 268), en una visión retrospectiva, afirma que "la organización que generó el Congreso Indígena llegó a sus límites en 1977, dando paso a nuevas organizaciones políticas como Política

La *Línea* postulaba que había que partir de "las necesidades" más sentidas del pueblo trabajador, argumentaba la posibilidad de que la clase trabajadora se uniera; es decir, que "caminaran juntos obreros, campesinos, colonos, estudiantes, pequeños comerciantes, empleados y profesionistas" (*Por una Línea*, 1979: 2). Con esta visión, los *selváticos* quedaron inscritos en un ámbito mayor al local. Citemos un fragmento del documento publicado por la *Línea* en 1979:

> Si queremos triunfar en la lucha revolucionaria, debemos participar y dirigir las luchas de los campesinos por tierras, por créditos, por ampliaciones, etc. La de los obreros, por aumento de salarios, por mejores prestaciones, contra el líder charro, etc. La de los estudiantes, por mejores maestros, por democratizar la enseñanza, por edificios escolares, por becas, por aceptación de rechazados, etc. Y la de todos los grupos sociales y pueblo en general que sufren la explotación, debemos practicar y dirigir sus luchas por obtener mejores condiciones de vida (*op. cit.*: 13).

Ahora bien, la impronta "de las masas, por las masas, a las masas" en la vida diaria quería decir participación de todos, ex-

Popular, CNPA, CIOAC, OCEZ, PST, etcétera [las cuales ofrecían] alternativas viables ante la nueva realidad". Por su parte, González Esponda (1989: 133) puntualiza que Línea Proletaria llega a Chiapas en 1978, "a la selva lacandona a trabajar con la Quiptic, Tierra y Libertad y Lucha Campesina; a la zona norte, a los municipios de Simojovel, Tila, Sabanilla, Huitiupán, El Bosque con los ejidos y grupos de peones dirigidos por la organización regional; en la Frailesca a trabajar con los ejidos que antes integraron la Alianza Campesina 10 de Abril, y finalmente con los comuneros de Venustiano Carranza y Villas Las Rosas... [Agrega que] incluso se integraron a otros sectores movilizados de la población chiapaneca: estudiantes, colonos y obreros; y en 1979 se [vincularon] a la lucha del magisterio chiapaneco". Otras referencias hacen énfasis en el carácter negativo de Línea Proletaria (LP), se refieren a ella como la causante de la destrucción de los procesos regionales y la desintegradora de los cuadros campesinos destacados (Pérez Castro, 1989: 148, 158, 168, 199 y 200; González Esponda, 1989: 128-134, y Odile, 1984: 68). Sin embargo, es necesario ir más allá de las apreciaciones superficiales y analizar las dinámicas regionales para apreciar en sus justos términos el papel que jugó esta corriente política. Cabe aclarar que a continuación se analiza el contenido de folletos producidos tanto por Línea Proletaria (LP) como por Línea de Masas (LM), los cuales eran el sustento ideológico de los asesores que pululaban por la selva. Baste agregar que LP y LM surgen como producto de una escisión al interior de Política Popular a causa de divergencias "teóricas y tácticas". "Las diferencias de concepción se centran en la relación que debe establecerse entre las bases y la dirección así como en el peso que debe otorgarse a la consolidación de estructuras en los movimientos de masas" (Ramírez, 1986: 58 y 123).

presión de ideas, toma de decisiones, impulso a la organización empezando desde la localidad hasta constituir órganos colegiados tales como las asambleas generales. Así rezan los principios ideológicos de base

> En la lucha proletaria, todo el pueblo tiene que participar en la toma de decisión. Esa participación es una discusión de varias ideas... Hemos encontrado que es la lucha ideológica en el seno del pueblo... el motor de nuestra organización... (*Línea Proletaria*, 1977, 2: 2).
>
> Pero la pura lucha de ideas no le sirve al pueblo, es un ejercicio de intelectuales burgueses. Después de discutir hay que tomar acuerdos, hay que tomar decisiones. Esos acuerdos, esas decisiones van trazando la línea y la van aplicando al mismo tiempo... Tomar una decisión es una práctica política... que une a los compañeros... que da unidad política (*ibid.*: 4).
>
> La orientación proletaria consiste en hacer preguntas para que nosotros mismos vayamos sacando ideas y opiniones correctas (*Línea Proletaria*, 1977, 3: 4). Es necesario que exista la más amplia *democracia*, que consiste en una gran participación de ideas y opiniones sobre el punto que se está tratando. En una reunión o asamblea debemos lograr que todos tengan suficientes informaciones para que puedan opinar (*Doc. Dif.*, 1979: 10). Se requiere escuchar el mayor número de opiniones e ideas, [propiciar] una amplia participación... (*ibid.*: 11).
>
> Es necesario que a partir de las demandas más sentidas del pueblo se formen organizaciones de masas (*ibid.*: 2). En las organizaciones de masas todos los problemas concretos de la vida cotidiana de las masas requieren nuestra atención (*ibid.*).

También la militancia en esta corriente ideológica tenía su propia utopía: una sociedad donde desaparecerían los explotados y los explotadores; decían:

> Nuestra tarea central a lo largo de todo el proceso revolucionario es movilizar y organizar a las grandes masas a que participen en la lucha revolucionaria para derribar a la burguesía y a su gobierno mediante esta lucha y extender el movimiento revolucionario a todo México hasta lograr una patria socialista (*ibid.*: 12).

Dos tendencias paralelas

Como puede verse, ambas tendencias (la religiosa y la política) se dieron como procesos paralelos a pesar de que las diferentes corrientes político-ideológicas llegaron a la selva después de los agentes de pastoral. Dichas tendencias se incrustaron en el proceso, lo revitalizaron y le dieron un cauce eminentemente político.

Son tendencias paralelas porque cada una posee una naturaleza y una dirección particular, pero se puede afirmar que, en términos abstractos, convergían en lo general. Ambas impulsaron la vida participativa y comunal; crearon normas, sistemas de cargos y comisiones que regulaban la convivencia en la localidad y fuera de ella; plantearon la necesidad de un cambio radical impulsado por los pobres, por la clase trabajadora. Como tendencias de la época, compartían la misma utopía: la lucha aquí y ahora por el advenimiento de una sociedad justa e igualitaria.

Estas coincidencias no presuponen que los representantes de las dos tendencias avanzaran juntos en la selva; más bien muestran que en la atmósfera de los años setenta se respiraba un aire revolucionario avivado por la Revolución cubana, el guevarismo, el Frente Sandinista, la guerrilla salvadoreña, la revolución cultural china, el movimiento del 68 y la efervescencia del movimiento campesino y urbano popular en México. La selva no era ajena a todo ello, como comúnmente se afirma.

Justo es mencionar también que las divergencias entre ambas líneas estaban presentes y evidenciaban los distintos ritmos y estrategias; mientras que para la Línea el proceso se "dirigía", para los teólogos se "acompañaba"; mientras que para unos la revitalización de la cultura indígena era central, para otros los sujetos revolucionarios eran proletarios, campesinos desposeídos, clase trabajadora simplemente. Pero para ambos eran "los pobres", "los explotados".

Las acusaciones mutuas eran evidentes, en una evaluación diocesana se decía:

...se ha dado una profusión de partidos políticos que tratan de controlar los procesos populares y una invasión casi repentina de gente de oposición con líneas maoístas (unas 36 personas en un par de meses), que actúan con vertiginosa rapidez y con dispares intenciones tratan de cooptar membresía y apoyar a la gente que busca ansiosamente instrumentos, organismos, personas o instituciones que los implementen en esta coyuntura histórica (*Diócesis*, 1979: 18).[10]

Por su parte, los de la Línea acusaban a los misioneros de no medir las consecuencias políticas de su acción pastoral. Las contradicciones llegaron a tal grado, que los *selváticos* expulsaron a los "norteños" hacia finales de los años setenta. El relato popular reza que la razón fueron las diferencias entre la línea pastoral y los nuevos asesores.

También era común oír entonces que el padre fulano andaba por la selva cantando el himno sandinista, o que en la asamblea general se había juzgado a una mujer por "bruja", o que los conflictos entre los asesores repercutían en las comunidades. Ése era el "signo de los tiempos".

El conflicto agrario, un catalizador

Sólo ante el conflicto agrario se minimizaron las diferencias entre ambas tendencias. Uno se pregunta cómo es que aparece en plena selva dicho conflicto: ¿qué acaso no se trataba de un espacio abierto, "vacío", ocupado poco a poco por los indígenas migrantes? Pues no, la Lacandona fue explotada en el siglo pasado y en el actual por madereros diversos; más tarde esas tierras fueron vendidas, fraccionadas o decretadas terrenos nacionales. Existía, ya entrado el siglo xx, al lado del latifundio forestal, el agropecuario (las llamadas fincas), localizado a orillas del Desierto del Lacandón.

Lo anterior nos hace pensar que los colonos, al avanzar sobre la selva, atentaron contra los intereses de diversos agentes. Uno de ellos, el Estado, prendió la mecha al efectuar, en 1971, el reconocimiento y la restitución de bienes comunales a 66 familias de lacandones, desconociendo así la existencia de una treintena de colonias de indios mayas.[11] Colonias localizadas dentro de la

---

[10] La evaluación se realiza en 1979 y remite a hechos acontecidos entre 1977 y 1978.
[11] Con cerca de 4000 jefes de familia (Unión de Uniones, 1984).

jurisdicción de la parroquia Ocosingo-Altamirano y atendidas por los agentes de la Teología de la Liberación; colonias que más tarde quedaron bajo el influjo de las diferentes corrientes ideológicas de la *nueva izquierda*.

El decreto presidencial de 1971 mediante el cual se creó la Comunidad Lacandona dotaba con 614 321 hectáreas a los lacandones. Dicho decreto, por cuestiones políticas, pasó por alto que la zona ya estaba ocupada desde fines de los años sesenta por un sinnúmero de indígenas tzeltales, tzotziles y choles. En términos agrarios, se hablaba de "restitución" a los "legítimos dueños" de la selva: los lacandones (*Decreto*, 1972). Sin embargo, los estudiosos han demostrado que no existe continuidad histórica entre los lacandones históricos y los actuales y que, por tanto, resulta improcedente dicha "restitución" (*cf.* De Vos, 1988*b*).[12]

Es por todos sabido que detrás del decreto presidencial se escondían intereses de empresarios y compañías madereras que buscaban el control de los bosques ejidales.[13] Siendo así, el Estado planteó la necesidad de llevar a cabo la reconcentración de los poblados localizados en la zona afectada por el decreto, argumentando la necesidad de "preservar la selva". Una veintena de colonias accedieron a reubicarse gracias a la promesa estatal de seguridad en la tenencia de la tierra y el otorgamiento de servicios e infraestructura; otras se negaron dado que sus trámites agrarios ya estaban avanzados (incluso algunos contaban con "mandamiento del gobernador"), y arguyeron que mucho les había costado levantar sus casas, cafetales, potreros y maizales; en otras palabras, domesticar la selva.

---

[12] La dotación restituida a los lacandones (llamada popularmente "Comunidad Lacandona") incluye originalmente la Reserva Integral de la Biosfera Montes Azules (RIBMA).

[13] En un desplegado, la U. de U. afirma que "detrás del decreto estaban los intereses de Nafinsa (Nacional Financiera, S. A.), es decir, los intereses de los ricos, de la gran burguesía, que a través de la Cofolasa (Compañía Forestal Lacandona, S. A.) pretendía llevarse toda la madera de caoba y cedro contenida en las 614 321 hectáreas tituladas en favor del grupo lacandón. Prueba de esto fue que inmediatamente después de que se tituló de manera legal a este grupo, la Cofolasa firmó un contrato con ellos en donde se comprometieron 35 000 metros cúbicos de madera al año, por un plazo de 10 años (más o menos 10 000 árboles por año), sin fijar el precio. Con esto, la Cofolasa eliminó a otras compañías que operaban en la zona, quedándose como dueña y soberana de la madera..." (Unión de Uniones, 1984: 151).

Después del decreto, publicado en 1972, las acciones no se hicieron esperar: la exigencia de reconcentración fue inminente y el deslinde en campo de los límites de las tierras restituidas marcaron para la gente el avance de La Brecha de la Comunidad Lacandona.

Fue entonces cuando las asambleas tenían una prioridad en la orden del día. La discusión y la toma de decisiones no se hizo esperar; el acuerdo fue "no a la reconcentración, no a La Brecha". La demanda sirvió como eje aglutinador y cohesionador para la Quiptic y más tarde para la U. de U.

Toda la estructura organizativa ensayada día a día se echó a andar y se fortaleció durante la defensa de la "tierra nueva", que representaba nada más y nada menos que "la vida nueva". Fue un momento de defensa de los recursos estratégicos para la reproducción económica, pero sobre todo para la reproducción ideológico-cultural. No era suficiente ser pariente, compartir la procedencia y el nivel socioeconómico para crear una organización política; fue a través de la lucha por la "tierra nueva", por la "vida nueva", como se dio la convergencia, sustento de la *nueva* identidad política.

Las formas de vivir la religión y la política marcaron el sentido que siguió la lucha agraria de los años setenta y principios de los ochenta. El proceso abierto por el Congreso (1973-1977) antecedió pero también se traslapó con la lucha agraria. Al principio (1973), en plena preparación de las ponencias, apunta Morales (*op. cit.: 246*).

> Las primeras reuniones se realizaron en diferentes sitios de los municipios... En ellas se dio a conocer la intención del Congreso... inmediatamente se abordaba la cuestión de la situación actual de las comunidades; se ofrecían elementos para que los mismos indígenas ejercitaran un análisis de sus propias comunidades; se discutía, se pensaba en la conveniencia de ampliar los espacios de discusión y en los principios de una organización.

Una vez celebrado el evento (octubre de 1974), hubo continuidad en las acciones, la vida poscongreso

> se significó por un incremento sistemático en la formación no sólo de los cuadros directivos o de los representantes de comunidades, sino

de grupos humanos numerosos, de las cuatro zonas del Congreso. Puede ejemplificar esta fase la existencia de materiales educativos: *Película del Congreso, Ley de Reforma Agraria* y *Constitución Política de los Estados Unidos Mexicanos* traducidas al tzeltal, tzotzil, chol y tojolabal... cuadernillo sobre la *Historia en México* e *Historia de la Comercialización en México,* etc. La conciencia de un fortalecimiento organizativo como condición para la conquista de las demandas y satisfacciones vivió su mejor momento. Casi como misioneros de la organización, de la política, de la revolución, dirigentes mestizos e indígenas, representantes de comunidades, recorrieron todos los puntos geográficos de las cuatro zonas en una labor de convencimiento y cimentación. La zona tzeltal podía movilizar hasta diez mil personas, lo mismo que la zona chol... y unos seis mil u ocho mil la zona tojolabal *(ibid.:* 259).

Antes el proceso de la *nueva catequesis,* iniciado a principios de los años setenta, tenía una estructura formada por jefes de zona, *tuhuneles,*[14] catequistas, principales, presidentes de la Iglesia, caporales, capitanes y monjas. Todos estos agentes, en mayor o menor medida, promovían la participación en la toma de decisiones. Muchos de estos catequistas fueron la punta de lanza en la organización de las demandas agrarias. No todos, pero sí muchos, se convirtieron en líderes agrarios y autoridades de la U. de U., dado que eran quienes, sin perder el conocimiento de su mundo indígena, manejaban "la castilla" y las relaciones con el mundo ladino *(cf.* Leyva, en Viqueira y Ruz, en prensa).

En cuanto a la forma de trabajo predominante en la época, y aún hoy vigente en la selva, podemos mencionar a las "asambleas itinerantes".

surgidas de manera simultánea en la zona chol y tzeltal... La asamblea decidía el sitio de la siguiente reunión y allá se congregaban representantes y dirigentes, por muy distante y accidentado que fuera el lugar. Esta modalidad se originó y desarrolló gracias al entusiasmo de las comunidades: llegaba a tanto el gusto de sentir un instrumento propio que todo el mundo quería albergarlo en su casa, verlo acordar allí, sentir la fuerza, el fervor de los dirigentes... De un sitio a otro el entusiasmo crecía, las asambleas crecían, el aprendizaje de la discu-

---

[14] *Tuhunel* es la palabra tzeltal utilizada para designar a los diáconos y prediáconos elegidos por el *comon* para ejercer el servicio religioso en las colonias selváticas. Figura inspirada en la Iglesia primitiva *(cf.* Leyva, en prensa).

sión, de la toma de decisiones. Las mujeres y aun los niños, en todos cundía el aire nuevo (Morales, *op. cit.*).

Esta forma de trabajo fue rescatada y reproducida por los asesores de las corrientes ideológicas, quienes tomaron la dirección y la formación de "cuadros" durante la lucha por La Brecha.[15] Dichos asesores hablaban de la necesidad de establecer un "plan de lucha" guiado por una "estrategia" que abarcara el terreno legal, la movilización política y la negociación, a partir del desarrollo de tres frentes: el político, el ideológico y el económico (U. de U., 1984: 155).

Para cambiar la correlación de fuerzas políticas y alterar el decreto presidencial era necesario —según asesores y dirigentes— movilizar a las masas y buscar el apoyo de otros elementos de "la clase trabajadora". Fue entonces cuando la U. de U. realizó en octubre de 1981 una marcha-plantón en la ciudad de Tuxtla Gutiérrez y, al otro día, en la ciudad de México, se efectuó un mitin organizado por obreros de la Unidad Obrera Independiente (UOI) en apoyo a la comisión negociadora de la U. de U. Al respecto, apunta la U. de U. en un desplegado:

...logramos movilizarnos cerca de dos mil campesinos, lo cual significaba el mayor número de compañeros que habíamos logrado movilizarnos desde la formación [en 1980] de la Unión de Uniones y un enorme esfuerzo para nosotros, tomando en cuenta que la mayoría tuvimos que caminar dos, tres y hasta cuatro días antes de poder llegar a un lugar en donde poder abordar un vehículo y de ahí uno o dos días para llegar a Tuxtla. Ello significó un esfuerzo económico que únicamente pudimos cubrir con el apoyo de otras organizaciones de la clase trabajadora. Durante los días 12, 13 y 14 de octubre marchamos por las calles de la capital del estado y permanecimos plantados —durante el día— frente al Palacio de Gobierno, acompañados de compañeros maestros, comisiones de sindicatos obreros y organizaciones campesinas y estudiantiles. *Tomar las calles y la plaza principal del Estado por tres días significó en sí mismo un triunfo para las masas*

[15] Si bien el conflicto por La Brecha fue el catalizador de la identificación de intereses comunes entre los campesinos colonizadores de Las Cañadas, el enfrentamiento cotidiano entre campesinos y propietarios de grandes extensiones de tierra dedicadas a la ganadería contribuyó a consolidar ese proceso de identificación y de organización campesina. Además, cabe aclarar que generalmente el conflicto agrario ha estado signado por el uso de la violencia y la represión.

campesinas que sostenemos una lucha independiente del gobierno y de cualquier central campesina o partido político... Esto también significó un triunfo de la unidad de la clase trabajadora (U. de U., 1984: 161).

Fue entonces, durante el desarrollo del conflicto agrario, que el *sentimiento comunitario*, enraizado en las prácticas religiosas y políticas, puso de manifiesto la existencia de una identidad social cimentada en el sentimiento de pertenencia a un colectivo organizado por objetivos y en confrontación con un enemigo común (Melucci, 1982, y Pérez-Agote, 1986).

PARA TERMINAR. ALGO ACERCA DE IDENTIDADES

El *sentimiento comunitario* sustentó un proceso de identidad. En el caso analizado, esta *identidad colectiva* se construyó a través del tiempo y a partir de varios ejes: ser católico de la Teoría de la Liberación/maoísta/miembro de la U. de U./hablante de lengua indígena/habitante de Las Cañadas.

A partir de estas adscripciones se generaron los derechos y las obligaciones, los lazos de ayuda mutua (solidaridades), los afectos, las lealtades o, en su defecto, la distancia social y las rupturas.

La identidad colectiva presente entre los colonos de Las Cañadas fue el sustento en el que tejió su red clandestina el Ejército Zapatista de Liberación Nacional (EZLN). Dicha identidad desbordó las identidades etnolingüísticas de chol, tzeltal, tzotzil y tojolabal. Permitió, sin borrar esta frontera, construir otra más amplia que resultaba primordial en situaciones particulares y era más compleja que la basada únicamente en el criterio etnolingüístico.

En Las Cañadas identificamos cuatro tipos de identidades con ejes diferentes, que los individuos utilizan dependiendo de las circunstancias y de las personas con las que interactúan.

Tipos:
Identidad etnolingüística:
    cholero/tzeltalero/tzotzilero.
Identidad religiosa:
    católicos T. de L./presbiterianos/pentecosteses, etcétera.

Identidad subregional:
habitante de: Las Cañadas/Marqués de Comillas/la Comunidad Lacandona, etcétera.

Identidad política (en toda la Lacandona):
militante de: ARIC U. de U. /U. de E. Julio Sabines/U. de E. Fronteriza MOCRI/CNC-Liga de Comunidades Agrarias/ CDLI/EZLN, etcétera.

Lo anterior confirma que las identidades sociales se construyen sobre bases múltiples, son situacionales, manipulables y contextuales; es decir, la elección de una u otra identidad "dependerá del contexto interactivo en el que los individuos o grupos se encuentran involucrados en un momento dado" (Barabas y Bartolomé, 1990: 83). Así, el colono le llamará "hermano" a otro indio de la selva del cual desconoce su filiación política y credo religioso, pero si sabe que comparte con él la militancia política le dirá "compañero".

En síntesis, podemos decir que el discurso de la pastoral y de la Línea dotó de preceptos éticos, morales y sociales a los colonos de Las Cañadas, mediante los cuales los *selváticos* rigieron su vida en la localidad, en la subregión y en su relación con otros de fuera. Justo es decir que ambas acciones implicaron la apertura de un novedoso proceso de resocialización que otorgó a los colonos "un nuevo significado y ubicación en el mundo" (Barabas, 1993: 5). Esto fue posible porque en las localidades de Las Cañadas la religión y la política están íntimamente relacionadas. Sólo considerando la multiplicidad de factores que se entretejieron, y que poseen ritmos y texturas diferentes, es posible explicar la vida social de Las Cañadas, subregión de la selva en donde la secularización de la vida religiosa ha sido un elemento más del tejido social cambiante.

Chiapas, 1992/primera versión

Para recomenzar. Epílogo

Se ha celebrado en San Andrés Larráinzar el segundo encuentro entre el EZLN y el gobierno. En la mesa de negociación se discutieron las posiciones que, como medidas de distensión, han de tomar sobre el terreno los ejércitos contendientes. Muchos sucesos se han dado entre ese 1º de enero de 1994 y este 16 de mayo de 1995. Todo el mundo conoce la localización y las condiciones sociales que se viven en Las Cañadas. En Europa, África y América se habla de ellas; pero, a la par, los *selváticos* no tienen ya control absoluto sobre su territorio como antaño lo tenían. Las Cañadas se han vuelto patrimonio de la humanidad; su hermetismo ha sido roto en aras de una lucha política nacional a la que se han unido diferentes organizaciones sociales del México rebelde.

La historia del EZLN está aún por escribirse. Según su versión "oficial", sabemos que los promotores de la vía armada llegaron a la zona hace 10 años, justo cuando el quiebre de la Unión de Uniones (1983). Poco a poco fueron avanzando a través de pláticas con los, ya para entonces, experimentados líderes agrario-religiosos y fueron ganando adeptos en las comunidades descritas antes. La vía armada coexistió con otras luchas: la de La Brecha, la de la constitución formal de uniones ejidales y de asociaciones rurales (ARIC). La vía legal cohabitaba con la clandestina.

De la vieja estructura política vemos surgir hoy tres diferentes movimientos: el EZLN, la denominada ARIC "oficial" y la autonombrada ARIC "independiente". Todos comparten la historia hasta aquí descrita, pero varían en la forma de interpretarla dados sus *horizontes políticos;* por ello no resulta extraño que sus perspectivas sean distintas. El EZLN continúa encabezando la demanda nacional de "justicia, libertad y democracia". Apoyando estas demandas está la ARIC "independiente", la cual además trata de reconstruir los lazos de solidaridad comunal y microrregional. En otro sentido, la ARIC "oficial" se expande fuera de su tradicional área de influencia, retoma el proyecto educativo y ganadero al tiempo que cuenta con un fideicomiso para sacar adelante el rezago agrario de los militantes que aún posee. Éstas son las nuevas identidades políticas que se viven en la zona.

Jovel/mayo de 1995

LA TORMENTA DE ENERO*

Durante la primera semana de 1994 los diarios nacionales se llenaron de explicaciones sobre las causas sociales del levantamiento encabezado por el Ejército Zapatista de Liberación Nacional (EZLN): acaparamiento de tierra, abuso de poder, explotación, marginación, pobreza. En suma, rezago social extremo. Si bien estos hechos son innegables, resultan demasiado generales e insuficientes para explicar el suceso.

A juzgar por la declaratoria de guerra del Ejército Zapatista y por los bombardeos de días atrás en la cañada de Patihuitz y en el camino Nuevo Momón-Guadalupe Tepeyac, el principal escenario de guerra y bastión de los insurrectos es la selva Lacandona, y en particular la subregión Las Cañadas Ocosingo-Altamirano-Las Margaritas. Lo corrobora la supuesta localización del "cuartel general" zapatista en Guadalupe Tepeyac, ejido ubicado entre los ríos Dolores y Caliente. Sin embargo, sería simplista concluir que todos los campesinos del rumbo son militantes del EZLN y mucho más que el problema se reduce a la región. Existe consenso en afirmar que está en juego un problema de índole nacional: el papel asignado a la sociedad campesino-indígena en el contexto socioeconómico nacional, el desarrollo desigual de las regiones del país y la naturaleza de los espacios de participación democrática. Revisemos algunos aspectos para mostrar la complejidad del asunto en lo que toca a la Lacandona.

POBLAMIENTO Y CUESTIÓN AGRARIA

La Lacandona es un todo *socionatural* heterogéneo debido a las formas de ocupación del espacio, la organización social de su población y la intervención del Estado. En la topografía predomi-

---

* La versión original fue publicada en la revista *Ojarasca*, núm. 29, febrero de 1994, México, D. F., pp. 18-21.

nan cañadas formadas por elevaciones montañosas que oscilan entre 600 y 1 200 metros sobre el nivel del mar (msnm), pero también existen pequeñas planadas drenadas por ríos, y un extenso y ondulante valle a 150 msnm en la frontera con Guatemala. Aún quedan manchones de selva virgen junto a espacios amplios dedicados al pastoreo. En el corazón de la región se conservan unas 250 000 hectáreas de vegetación tropical protegidas por el mandato presidencial que decretó la creación de la Reserva Integral de la Biosfera Montes Azules (RIBMA).

En la selva Lacandona nunca existió una demanda de "restitución de bienes comunales"; la entregada a los lacandones fue una concesión graciosa del Estado para regular el proceso de colonización y explotación de la selva. La tierra se entregó a población externa bajo la figura de nuevos centros de población ejidal. Sin embargo, predomina la que recibieron en dotación ejidal los colonos recientes que la solicitaron ya como avecindados. A estas formas de tenencia se suma la pequeña propiedad donde se asientan, al igual que en los ejidos, *indios* y *ladinos*. Estos últimos tienen importancia numérica en el territorio que colinda con Guatemala, no así en la parte aledaña a Los Altos de Chiapas.

La selva fue prácticamente un despoblado durante la Colonia; los conquistadores españoles (militares y religiosos) reubicaron a los indios que encontraron allí. En los pueblos aledaños y tierras periféricas a la Lacandona florecieron haciendas, propiedad de los frailes dominicos. Los capitales de Comitán y San Cristóbal de Las Casas avanzaron sobre las tierras de los religiosos durante el siglo XIX, cuando se desestructuraron dichas explotaciones agropecuarias. Poco después el latifundio forestal, propiedad de tabasqueños asociados con extranjeros, se adueñó del resto del territorio.

Sobre latifundios madereros, expropiados y sin expropiar, surgieron los ejidos desde los años cuarenta, pero sobre todo entre 1950 y 1970. Las fincas de maíz, caña de azúcar y ganado bovino localizadas alrededor de las ciudades de Ocosingo y Las Margaritas fueron poco a poco afectadas. De ellas y de las del norte de Chiapas, los peones expulsados por la ganaderización del trópico húmedo salieron a poblar el corazón de la selva. Este fue concebido como su primer acto de "libertad". El caminar a la selva fue para muchos mayas lo que el éxodo para los judíos.

El crecimiento acelerado fue resultado del proceso de colonización que indujo y dirigió el Estado para dar respuesta al conflicto agrario de diferentes partes de Chiapas y México, y por la necesidad de ampliar la frontera agrícola del país. Así, la estructura de tenencia de la tierra se transformó radicalmente en los municipios de la selva entre 1950 y 1970. En el municipio de Ocosingo, por ejemplo, la superficie de propiedad privada en 1970 se redujo a sólo 14% de la existente en 1950 (pasó de 875 607 a 123 097 hectáreas), mientras que la ejidal se multiplicó por 39 (pasó de 11 295 a 402 510 hectáreas).

En el mismo Ocosingo, el acaparamiento de tierra que registró el censo agropecuario de 1970 fue de 34 predios con más de 500 hectáreas, cada uno de los cuales contaba con 1 562 en promedio. Sin embargo, la disminución de la propiedad privada fue producto de la expropiación de latifundios forestales que pasaron a ser terrenos nacionales, ejidales y, una gran parte, en 1971, bienes comunales de los indios lacandones, a pesar de estar asentados en el lugar un sinnúmero de colonos, a quienes los lacandones y el Estado consideraron "invasores".

De tal modo, la lucha agraria tuvo dos vertientes: por un lado, se midieron colonos frente a propietarios privados con explotaciones agropecuarias localizadas en las márgenes de la Lacandona. La lucha fue larga y cruenta, pero en favor de los colonos, quienes a la fecha reconocen la inexistencia de tierra que se pueda afectar. Por el otro, el colono se enfrentó al Estado y a los lacandones. Allí la lucha fue entre indios colonos e indios restituidos.

Ambos procesos fueron marcados por hechos violentos, tales como quema de casas, intimidación armada, muerte, represión del ejército y soldados emboscados. Aún más, tales procesos están inconclusos; si bien formalmente no queda tierra qué afectar, independientemente del fraccionamiento simulado, persisten problemas de límites que enfrentan a indios ejidatarios con indios propietarios, comunidades multiétnicas con la huella de 14 años de lucha para obtener la dotación que el decreto de la Comunidad Lacandona interrumpió; otras localidades aún con tenencia precaria y posible reubicación por estar en terrenos decretados reserva de la biosfera, e indios que compraron tierras cuando otros las habían demandado antes en dotación ejidal. En suma, es un proceso todavía vivo[1] que causa malestar entre la población y que se agravó, en vez de solucionarse, con las modificaciones al artículo 27 constitucional.

Lo que está detrás es un problema de justicia social, en el cual los indios llevan la peor parte, aunque hoy la explotación económica y la dominación cultural van más allá de la dicotomía indio-ladino, pues ciertos sectores de indios la ejercen, como también la sufren ladinos pobres. La relación histórica finca-peón, recreación de la relación ladino-indio, prevalece en la Lacandona y en Chiapas en general. El eje principal de la explotación dejó de ser el acaparamiento de tierra; su lugar lo tomó el control del mercado. Los antiguos grandes propietarios ahora son prósperos engordadores de becerros, que compran a los pequeños criadores indios y ladinos; son los comerciantes del pueblo y los intermediarios de café y ganado.

AGRICULTURA Y EXPECTATIVAS DE REPRODUCCIÓN

La injusticia social, producto del conflicto agrario, se vio reforzada por la baja del precio del café a partir de 1987 y del ganado en los dos últimos años (1992-1993). A la par, el gobierno, atado a las políticas neoliberales, se incapacitó para apoyar a los productores campesinos-indígenas de la región, víctimas del lugar que ocupan en el mercado mundial y nacional de café y bovinos. Asimismo, sobrevino el abandono de los productores por parte del Instituto Mexicano del Café y la caída en cartera vencida de los criadores de becerros, que se encontraban ante la imposibilidad de pagar los créditos ganaderos recibidos en la segunda mitad de los años ochenta.

Además de la crisis de mercado que afecta los dos principales y casi únicos productos comerciales de los colonos de la Lacan-

[1] Durante nuestro periodo de trabajo de campo (1990-1993) fue notorio que varias colonias no contaban con resolución presidencial de su ampliación ejidal por encontrarse dicha área dentro de la llamada "Comunidad Lacandona". Además, entre los ejidos Cintalapa y Velasco Suárez existían conflictos permanentes por los límites reales de la Comunidad Lacandona que no correspondían con los oficiales. De hecho, los decretos de 1971 y 1977 no habían sido claramente deslindados sobre el terreno. Por todo lo anterior es que hablamos de un "conflicto vivo" aún hoy (1995).

dona, el gobierno del estado decretó, en 1989, veda forestal ante las presiones internacionales y nacionales en favor de la conservación de la naturaleza. Por lo tanto, la opción de las armas, nacida al calor de la lucha agraria, ve reforzada su justificación ante las pobres expectativas de reproducción: la venta de café y becerros no reditúa ingresos para satisfacer la compra de vestido, calzado, herramientas, medicinas y abarrotes, que no producen los campesinos. No hay más tierra por demandar y la que se tiene no se puede desmontar para producir el maíz y frijol de autoconsumo para la creciente póblación. Incluso en los ejidos que aún cuentan con selva para desmontar la gente no está al borde del hambre, pero se enfrenta a un callejón sin salida, sin caminos para reproducirse.

Puede decirse que la crisis agrícola es el detonante coyuntural de la rebelión, pero su gestación ideológica se dio y sigue dándose en medio de una permanente lucha por la tierra, en medio de una *escasez estructural de tierra*, cuyo elemento principal dejó de ser el acaparamiento, pero en su lugar se volvió factor determinante el estancamiento tecnológico: la milpa cultivada a través de roza-tumba-quema puede sostener una población creciente únicamente mediante la apertura de nuevas áreas al cultivo. A esto se añade que los colonos de la selva optaron por la ganadería extensiva (a la manera de sus ex patrones y apoyados tardíamente por los créditos de la banca oficial) para allegarse ingresos monetarios. El resultado es una vertiginosa saturación del territorio y, de nueva cuenta, *escasez estructural de tierra*, junto a la ausencia de otras oportunidades de empleo dado lo apartado y poco comunicado del área, así como por la forma en que el Estado impulsó allí el desarrollo regional. En suma, existe una crisis de expectativas que no sólo sufren los más pobres de la región y que sirve como sustento ideológico del EZLN.

EXPERIENCIA ORGANIZATIVA, PARTIDOS Y ELECCIONES

En áreas completas de Las Cañadas por muchos años estuvieron ausentes las casillas electorales. Las elecciones se veían como algo ajeno, propio de los grupos de poder, radicados en las cabeceras municipales, y militantes del partido oficial. En el medio rural lo electoral era percibido como cosa de "ladinos ricos". Las organizaciones campesinas nunca les disputaron el poder, pero siempre vieron símbolos claros de la dominación en los ayuntamientos y asociaciones locales de ganaderos y de pequeños propietarios; por eso ambos fueron los principales centros de ocupación durante la incursión del EZLN en la ciudad de Ocosingo y la villa de Altamirano.

No obstante el despego de los partidos y las elecciones, la sociedad campesino-indígena ha dado señales de constante movimiento y pluralidad. Muestra de ello es la defensa y la lucha por la tierra que caracteriza al movimiento hasta entrada la década de los años ochenta, así como el que las organizaciones campesinas independientes siempre fueron a la vanguardia, mientras las centrales oficiales perdieron más y más base social, hasta dejar de ser los interlocutores privilegiados para el gobierno, sobre todo durante el salinismo.

En particular, en la Lacandona existe una relación inversamente proporcional entre intervención del Estado y organización campesina. En regiones donde la colonización fue *dirigida* la militancia se encuentra ligada a la Confederación Nacional Campesina, como sucede en algunas partes de Marqués de Comillas y en la Comunidad Lacandona. En cambio, en Las Cañadas de Ocosingo y Las Margaritas, donde la colonización fue *inducida* por el aliento de la reforma agraria, proliferaron las uniones de ejidos y sociedades de producción rural independientes del partido de Estado y de los partidos de oposición. De hecho, la zona había estado ajena a demandas electorales y lucha por los ayuntamientos, las preocupaciones siempre estuvieron centradas en la demanda de tierra, vías de comunicación, canales de comercialización eficientes y apoyo para la producción.

En los últimos 20 años surgió un sinfín de formas asociativas, desde cooperativas comunales hasta asociaciones rurales de interés colectivo. Debido a este proceso organizativo, la comisión especial creada por el presidente Salinas de Gortari pudo reunirse a dialogar con 140 agrupaciones de Los Altos y la selva. Ciertamente, su proliferación remite a una experiencia organizativa relevante, aunque desigual, a la vez que acusa atomización de las fuerzas sociales.

Tal experiencia organizativa explica que el propio *subcomandante Marcos* sostenga que el EZLN fue creciendo clandestinamente en los últimos 10 años como una opción político-militar, y el que su proliferación en la selva tenga que ver con más de dos décadas de organización participativa. Su desarrollo se dio de manera paralela a las formas asociativas legales, se alimentó de experiencias de participación creadas desde el ejido y la vida cotidiana, se fortaleció con las escisiones y la lucha faccional característica de la vida política y de los movimientos campesinos, y con la imposibilidad *estructural* de las organizaciones legales para cubrir las expectativas de cambio social real y sostenido.

Que el zapatismo sea un movimiento más álgido en algunas subregiones de la selva respecto a otras, tiene que ver con la desigual atención gubernamental en el seno de la Lacandona. Mientras las subregiones Marqués de Comillas y Comunidad Lacandona desde mediados de los años setenta recibieron recursos frescos (para proyectos productivos, caminos, clínicas y casas), regiones como Las Cañadas tuvieron que movilizarse masivamente para oponerse al decreto presidencial de 1971 y recibir tímidos apoyos del Instituto Mexicano del Café (Inmecafé) y de la Compañía Nacional de Subsistencias Populares (Conasupo).

La situación comenzó a cambiar hacia finales de los años ochenta, cuando, ante la presión mundial por conservar la Lacandona, las organizaciones incluyeron en su discurso las reivindicaciones ecologistas. Se firmaron convenios, se crearon comisiones intersecretariales, programas educativos y se efectuaron foros de discusión entre campesinos y funcionarios. Las demandas productivas y ecologistas enarboladas por las viejas organizaciones fueron factor importante para la "concertación" salinista en la región, sensible a la opinión internacional acerca de la conservación del ambiente. Finalmente, a pesar de la llegada, en los años noventa, del Programa Nacional de Solidaridad (Pronasol), faltaron cambios de fondo, sin duda impracticables de la noche a la mañana y mucho menos con una política de gasto social antes que con medidas de impulso al desarrollo regional.

COMENTARIO FINAL

Detrás del levantamiento, por lo menos en lo que toca a la Lacandona, existe un problema histórico de injusticia social y una crisis de expectativas resultado de dos factores: *escasez estructural de tierra*, producto del estancamiento tecnológico y del crecimiento demográfico, y una *crisis agrícola* que hace inviable el acceso a recursos monetarios ante la baja del precio de los productos comerciales de la región. Pero no fue suficiente esto; fue necesario un largo trabajo ideológico-político que abrió a los campesinos indígenas de Las Cañadas nuevas lecturas de *horizontes.*

A su vez, existe una relación puntual entre rebelión y áreas con asociaciones legales autónomas y experiencia de organización participativa. En contraparte, la relación pobreza-levantamiento resulta sumamente mecánica. Entre los zapatistas se encuentran campesinos de diferente nivel socioeconómico y Las Cañadas cuentan con más recursos que algunos parajes de Los Altos, altamente erosionados y con bajos rendimientos de maíz.

Resulta relevante que las zonas de conflicto más álgido sean las cañadas pobladas tempranamente (décadas de los años treinta y cuarenta), donde mayor incidencia tienen la erosión y el bajo rendimiento agrícola, factores que agravan la *escasez estructural de tierra.*

La lectura que pueden hacer los campesinos de la Lacandona acerca de las repercusiones del Tratado de Libre Comercio es la de mayores dificultades para su bienestar. La experiencia más cercana de un factor externo que regula su vida fue la presión ecologista por la conservación de la selva, cuyo resultado fuera justamente la prohibición de desmontar (incluso para hacer milpa) y el freno a la ganadería. Entonces, pueden concluir que lo que haga este gobierno será pernicioso para su reproducción. De allí la exigencia de "un gobierno de transición", al tiempo de enarbolar la democracia electoral, asunto lejano en su tradición política (maoísta), pero, desde su nueva perspectiva, necesario para lograr un cambio radical.

Chiapas, febrero de 1994

APÉNDICES

I
Algunas fuentes estadísticas para el estudio de la selva chiapaneca contemporánea

Institución ejecutante	Agente censor	Tipo de información
ARIC Unión de Uniones[1]	Comisiones Campesinas Censoras	Censo de Población y Producción 1990; sólo comunidades afiliadas
Banrural	Promotor	Datos pecuarios por comunidad acreditada; varios años
CECODES	Primer laboratorio experimental: Memorias	Datos varios del ejido Velasco Suárez (1977)
CETENAL	Técnicos	Inventario de recursos naturales (1974)
CIEDAC/Pemex	Técnicos, ingenieros, campesinos	Censo y diagnóstico socioeconómico, área Las Cañadas (1990-1991)
CIES	Grupo Socioepidemiológico de la Malaria	Censo de 12 localidades (1976-1977)
CIES/PISPAL	Investigadores sociales	Censo de 32 localidades, zona Jataté (1977)
CIPSEL	Técnico asesor	Censo de Población y de Producción por comunidad atendida (1986-1988)
Conapo	Promotores	Estudios sociodemográficos de Chiapas (s./f.)
Coplamar/IMSS	Técnicos	Registro de comunidades atendidas
Coplamar/IMSS	Programa Integrador núm. 19, zona Lacandona	Datos globales de población y producción (1978)
DAAC	Promotores, ingenieros	Hectáreas, terrenos nacionales y tenencia de la tierra; varios años

[1] Véase apéndice II, donde se comenta esta fuente.

Algunas fuentes estadísticas
para el estudio de la Lacandona contemporánea

Institución ejecutante	Agente censor	Tipo de información
Gobierno estatal	Informes de gobierno	Datos globales; varios años
Gobierno del estado/ Comité Promotor de Desarrollo Socioeconómico	Programa de Desarrollo Agrario Selva Lacandona	Datos sobre tenencia de la tierra (1970)
Gobierno federal	Programa de Desarrollo de la Región Sureste	Datos generales de municipios de Chiapas (1983)
Gobierno federal, estatal y municipal	Municipios Plan Chiapas. Fortam	Diagnósticos municipales (1984)
INI	Plan de reacomodo de los excedentes de población de Los Altos de Chiapas en Las Margaritas	Datos censales por comunidad afectada (1965)
INI	Centro Coordinador Santo Domingo	Datos varios de población indígena atendida
INI	Centro Coordinador Las Margaritas	Datos varios de población indígena atendida
INI	Centro Coordinador, Tenosique, Tabasco	Datos varios de población indígena atendida
Inmecafé	Técnico	Censo agrícola por comunidad acreditada
Presidencia municipal	Funcionarios municipales	Estimación de población; varios años
Pemex	Técnicos	Diagnóstico socio-económico (1988), área afectada
Prodesch	Técnicos	Indicadores por municipios (s./f.); varios municipios
SAHOP	Plan de Desarrollo Urbano N. C. P.	Datos de población, Palestina y Corozal (s./f.)

Algunas fuentes estadísticas para el estudio de la Lacandona contemporánea (conclusión)

Institución ejecutante	Agente censor	Tipo de información
SARH	Estudio integral selva Lacandona	Datos varios ejidos (s./f.)
Sedue/Delegación Estatal Chiapas	Programa de Desarrollo Integral, zona RIBMA	Datos ecológicos de población y producción, área afectada
SEP/Programa bilingüe	Maestro bilingüe	Censo de población total y de población escolar
SEP/Dirección Regional de Educación Escolar	Tenosique, Tabasco	Censo de Población, ejido Velasco Suárez (1977)
SRA	Promotor, ingeniero, deslindador	Censo de capacitados agrarios, hectáreas dotadas, depuración censal; varios años
SRA/Dirección General de Nuevos Centros de Población	Plan de Colonización Ejidal	Datos generales por comunidad (1975)
SRA/Subsecretaría de Nuevos Centros de Población	Programa de Desarrollo de la Comunidad	Censo de Población (1975)
SRA/Subsecretaría de Nuevos Centros de Población	Programa de Desarrollo de la Comunidad	Censo de Población (1976)
SSA/Comisión Nacional de Erradicación del Paludismo	Roceador	Censo de población por comunidad atendida; varios años
SSA/Clínica Palenque	Agentes comunitarios de salud	Censo de población por comunidad atendida; Programa ARIC
UA Chapingo	DETU/Informes de trabajo de campo	Datos agropecuarios de comunidades visitadas

II
Acerca de una experiencia censal
(De eso que llaman autogestión campesina)

Es IMPORTANTE hacer especial hincapié en el Censo de Población y Producción 1990 realizado por la ARIC Unión de Uniones. Es el único trabajo hecho por una organización campesina de que se tiene noticia en Chiapas. Su naturaleza permite llegar a conocer muchos aspectos de la subregión llamada Valles y Cañadas Ocosingo-Altamirano (mapa 5). Dicho censo es parte de la preocupación de la organización campesina por elaborar un programa de desarrollo social de Las Cañadas, donde surgió y se desarrolla desde mediados de los años setenta.

Qué hacer ante la problemática actual que representa vivir en la selva chiapaneca y hacia dónde dirigir el desarrollo de las comunidades, fueron preguntas siempre presentes en las discusiones de asesores, líderes y base campesina. Sin embargo, por mucho tiempo los conflictos agrarios impidieron la posesión legal de la tierra y la posibilidad de atender el desarrollo. El acceso a la tierra estaba impedido por la existencia de grandes fincas y por el Decreto de la Comunidad Lacandona (emitido el 26 de noviembre de 1971 y publicado en el *Diario Oficial* de la Federación el 6 de marzo de 1972).

La entrega en enero de 1989 de 26 resoluciones presidenciales a los ejidos afectados por el decreto, así como la constitución de la organización campesina Asociación Rural de Interés Colectivo (ARIC), en 1988, fueron expresiones claras del fin de una etapa donde lo primordial había sido la lucha agraria. Una vez poseída legalmente la tierra e identificados como una organización de productores, se vio como prioritario estructurar un programa de desarrollo que se ciñera a los tiempos y a las necesidades de los campesinos habitantes de la zona.

Para planear fue necesario saber cuestiones elementales: cuántos eran, qué y cuánto producían, cuántas tierras ocupaban y a qué las destinaban, cuál era su distribución, cuántos animales tenían, con qué infraestructura contaban. Muchas de ellas parecían preguntas obvias para los habitantes de la región, quienes conocen sus recursos y sus necesidades; sin embargo, hacía falta sistematizar la información y, por lo general, poco se sabía en números absolutos.

Lo primero fue elaborar un censo de población y producción que sentara las bases para la planificación. Una vez integrado se dio a conocer ante la Asamblea General de la organización para su discusión y sanción. En la elaboración de la cédula censal participaron asesores (agrónomos, antropólogos y biólogos) y dirigentes campesinos. Más tarde se nombraron campesinos para integrar comisiones enviadas por cada una de las comunidades miembros de la ARIC. Éstos fueron capacitados para que explicaran a sus comunidades la importancia de elaborar un programa de desarrollo, y sobre la función y la necesidad de que la organización contara con un censo propio.

Estos mismos campesinos fueron capacitados para levantar la información, revisarla, concentrarla y hacer una primera interpretación. El levantamiento se llevó a cabo en 100 ejidos y 37 rancherías, lo cual representaba 80% del total de localidades miembros de la ARIC. Los datos fueron procesados y presentados en un primer desglose: por comunidad, por microrregiones y, más adelante, concentrados en sumatorias globales.

Fue en esta parte del proceso cuando Pemex mostró particular interés en conocer a fondo la problemática de la zona y solicitó a una asociación civil la elaboración de un diagnóstico social. Dicha asociación entró en contacto con la ARIC y los asesores para retomar el proceso (hasta ese momento autogestivo), apoyarlo y a la vez contribuir en la elaboración del programa de desarrollo.

Cabe aclarar que una empresa como la realizada por la ARIC parecería poco singular si aconteciera en condiciones opuestas a las de la plena selva: días de camino recorriendo veredas, lluvias que truecan veredas en lodazales, carencia de luz eléctrica, escasa educación formal por parte de los censores y de los censados, por mencionar algunos de los obstáculos que se tuvieron que salvar. Siendo así, el censo de 137 localidades (23 330 habitantes) resulta una proeza, producto de un alto nivel organizativo. Ciertamente fue, ante todo, la estructura organizativa de la ARIC la que hizo posible el trabajo; pero, a la vez, influyó la coyuntura política nacional que favorece (por lo menos en el discurso) las relaciones entre organizaciones de productores y el Estado.

Una evaluación de la experiencia resulta prematura, pues el

proceso continúa. Las comisiones campesinas, a través de los cursos y discusiones, fortalecieron su proceso de educación informal, principal medio por el cual se han alfabetizado y concientizado los campesinos de la zona. La organización se allegó de un elemento más para sustentar su programa de desarrollo; la paraestatal tiene ahora una base para dirigir su acción en el área; los estudiosos sociales podemos conocer en fino las rutas de colonización, las condiciones sociales y económicas de las familias de la zona.

Sólo queda preguntarse si se cubrirá la fase final del proyecto original (la elaboración del programa de desarrollo social de Las Cañadas); si los campesinos seguirán participando como en un principio y si se mantendrán a la vanguardia del proceso. Todas son preguntas con respuestas en el aire...

Ocosingo, Chiapas, 1991

BIBLIOGRAFÍA*

Acevedo, Marina, *Las Margaritas: una experiencia de frontera*, México, tesis de maestría en estudios regionales, Instituto de Investigaciones Doctor José María Luis Mora, 1993.

Alejos García, José, "De ch'oles contra kaxlanes. Conflicto agrario y etnicidad en el norte de Chiapas", ponencia presentada en el II Congreso Internacional de Mayistas, Mérida, Yucatán, Centro de Estudios Mayas-IIF-UNAM e Instituto de Cultura de Yucatán-Gobierno del Estado de Yucatán, 24-28 de agosto de 1992.

Álvarez del Toro, Miguel, "En menos de cincuenta años, la civilización acabó con la Lacandona," en *Ámbar*, número 0, Tuxtla Gutiérrez, octubre de 1988, p. 8.

Álvarez Icaza, José, "¿La selva lacandona en subasta?", anteproyecto de información sobre Chiapas, México, 3 de enero de 1977.

Amerlink de Bontempo, Marijosé, "Conquista espiritual y económica: la formación de haciendas de frailes dominicos en Chiapas", en *Mesoamérica*, cuaderno 20, año 2, número especial, Chiapas, Soconusco y Verapaz: Ensayos del tiempo colonial, Antigua, Guatemala, publicación semestral del Centro de Investigaciones Regionales de Mesoamérica y Plumsock Mesoamerican Studies, 1990.

Aridjis, Homero, "Se habla de la selva, la selva se destruye", en *La Jornada*, México, 24 de junio, 1990*a*.

———, "Montes Azules, fin de la Lacandona", en *La Jornada*, México, 19-24 de junio, 1990*b*.

Arizpe, Lourdes, *Campesinado y migración*, México, Secretaría de Educación Pública-Cultura, 1985.

———, María Fernanda y Margarita Velázquez, *Cultura y cambio global: percepciones sociales sobre la deforestación en la selva lacandona*, México, CRIM-UNAM y Grupo Editorial Miguel Ángel Porrúa, 1993.

* No incluye las referencias bibliográficas correspondientes al grupo étnico denominado "lacandón".

Ascencio Franco, Gabriel, "Etnografía de los tzeltales de Las Cañadas", en *América Indígena*, número especial sobre Chiapas, México (en prensa).

Balboa, Juan, "Las cuatro fronteras de la selva", en *México Indígena*, México, 1991, pp. 16-17 y 69-78.

――――, "Pronto las últimas selvas serán desiertos", en *Ámbar*, número 0, Tuxtla Gutiérrez, octubre de 1987.

Ballinas, Juan, *El desierto de los lacandones: memorias, 1876-1877*, Tuxtla Gutiérrez, Publicaciones del Ateneo de Chiapas, 1951.

Barabas, Alicia M., *Utopías indias. Movimientos sociorreligiosos en México*, México, Enlace/Grijalbo, 1989.

――――, "Movimientos sociorreligiosos e identidad", mecanoscrito, Oaxaca, 1993.

――――, y Miguel Bartolomé (coords.), *Etnicidad y pluralismo cultural: la dinámica étnica en Oaxaca*, México, Consejo Nacional para la Cultura y las Artes, Colección Regiones, México, 1990.

Barkin, David, y Aliza Mizrahi, "Procesos de desarrollo en el trópico mexicano", ponencia presentada en el I Coloquio de las Selvas Tropicales de México, 8-10 de diciembre de 1982, San Cristóbal de Las Casas, IIA-UNAM/ICHC/CIHMECH-UNAM, 1982 (inédito).

Barragán, D., y O. Ovando, "La selva lacandona: conformación sociorregional y problemática socioeconómica", en *Producción campesina y capital comercial en la selva lacandona: un estudio de caso*, tesis profesional de economía, área de ciencias sociales, San Cristóbal de Las Casas, UNACH, 1990.

Basauri, Carlos, *Tojolabales, tzeltales y mayas. Breves apuntes sobre antropología, etnología y lingüística*, México, Talleres Gráficos de la Nación, 1931.

Baumann, Friederike, "Terratenientes, campesinos y la expansión de la agricultura capitalista en Chiapas, 1896-1916", en *Mesoamérica*, cuaderno 5, año 4, número especial sobre Chiapas, junio de 1983, Antigua, Guatemala, publicación semestral del Centro de Investigaciones Regionales de Mesoamérica y Plumsock Mesoamerican Studies, 1983, pp. 8-63.

Beltrán Hernández, F., y P. Muench Navarro, "El trópico húmedo mexicano: algunas consideraciones sobre la agricultura migratoria y la tecnología agrícola tradicional", en Memorias de la X Reunión de la Asociación Latinoamericana de Ciencias Agrícolas, Acapulco, 22-28 de abril de 1979.

Benjamin, Thomas Louis, "El trabajo en las monterías de Chiapas y Tabasco: 1870-1946", en *Historia Mexicana* 30 (4), México, 1981, pp. 507-529.

Benjamin, Thomas Louis, *El camino al Leviatán*, México, Consejo Nacional para la Cultura y las Artes, Colección Regiones, 1990.

Blanco Gil, José, Joel Heredia y Juan Emrich, "Perfil patológico de la selva lacandona y Marqués de Comillas", en *Revista de Difusión Científica, Tecnológica y Humanística*, volumen I, número 7, Tuxtla Gutiérrez, Consejo Estatal de Fomento a la Investigación y Difusión Científica, octubre-diciembre de 1990, pp. 63-76.

Blom, Frans, y Gertrude Duby, *La selva lacandona*, México, Editorial Cvltvra, 1955.

————, "En busca de tribus y templos", en Jan de Vos, *Viajes al Desierto de la Soledad. Cuando la selva lacandona aún era selva*, México, SEP/CIESAS/Programa Cultural de las Fronteras, 1988, pp. 255-267.

————, y Oliver la Farge, *Tribus y Templos*, México, Instituto Nacional Indigenista, Colección Clásicos de la Antropología, núm. 16, 1986.

Budowsky, G., "La colonización de regiones en América Latina y sus implicaciones forestales", en Actas del VI Congreso Forestal Mundial, Madrid, 1966, pp. 3143-3147.

Burcher Bertung, René, "La destrucción de la selva virgen en Chiapas", en *Boletín de Información Internacional*, año 3, número 82, México, mayo de 1979.

Burguete Cal y Mayor, Aracely, "La selva lacandona: ¿desarrollo o crecimiento?", en *Indigenismo: evaluación de una práctica*, México, Instituto Nacional Indigenista, 1978, pp. 29-67.

Cadal, "La tierra y sus problemas: visión de conjunto, problemas indígenas internos", en Primer Congreso Indígena, 13 de octubre de 1974, San Cristóbal de las Casas, 1976, pp. 46-51.

Calvo, Angelina, Ana María Garza, María Fernanda Paz y Juana María Ruiz, *Voces de la historia. Nuevo San Juan Chamula, Nuevo Huixtán, Nuevo Matzam*, San Cristóbal de Las Casas, DESMI A. C./ CEI-UNACH, 1989.

Caraza Peregrina, Graciela, "Dos formas de adaptación al medio económico: campesinos indígenas tzeltales y rancheros mestizos en la agencia municipal de Abasolo, municipio de Ocosingo", tesis de la Universidad Iberoamericana, México, 1976.

194 BIBLIOGRAFÍA

Cardoso de Oliveira, Roberto, *Etnicidad y estructura social*, México, CIESAS-SEP, Colección Miguel Othón de Mendizábal, 1992.

Casco, R., "La transformación del trópico mexicano: el caso de la selva lacandona", México, mecanoscrito, 1983.

Centro de Investigaciones Ecológicas del Sureste (CIES), *Bibliografía descriptiva de la selva lacandona*, San Cristóbal de Las Casas, CIES, 1984.

Coello Castro, Reyna, "Proceso catequístico en la zona tzeltal y desarrollo social. Un estudio de caso", tesis de licenciatura en sociología, Universidad Autónoma de Tlaxcala, Tlaxcala, 1991.

Concha Malo, Miguel, "Impacto de Medellín y el ascenso de la izquierda", en Miguel Concha *et al.*, *La participación de los cristianos en el proceso popular de liberación de México*, México, Biblioteca México: Actualidad y Perspectivas, IIS-UNAM y Siglo XXI Editores, 1986, pp. 85-114.

Consejo Estatal de Población, *Oaxaca, población y futuro. Identidad*, revista trimestral, año 2, número 6, Oaxaca, Consejo Estatal de Población, junio de 1991.

Charles, Duncan M., "Los mayas del altiplano en las tierras bajas: un caso de autodesarrollo", en *Mesoamérica*, cuaderno 5, número 4, Antigua, Guatemala, publicación semestral del Centro de Investigaciones Regionales de Mesoamérica y Plumsock Mesoamerican Studies, 1983.

Chenaut, Victoria, *Migrantes y aventureros en la frontera sur*, México, Colección Frontera-SEP/CIESAS, 1989.

De la Peña, Guillermo, "Evolución agrícola y poder regional en el sur de Jalisco", en *Revista Jalisco*, número 1, Guadalajara, revista oficial del Gobierno del Estado, abril-junio de 1980.

———, "Los estudios regionales y la antropología social en México", en *Relaciones*, volumen II, número 8, Zamora, El Colegio de Michoacán, otoño de 1981.

De Vos, Jan, "La contienda por la selva lacandona. Un episodio dramático en la conformación de la frontera sur, 1859-1895", en *Historias*, número 16, México, 1987, pp. 73-98.

———, *Oro verde: la conquista de la selva lacandona por los madereros tabasqueños, 1822-1949*, México, Fondo de Cultura Económica, 1988a.

———, *La paz de Dios y del Rey: la conquista de la selva lacandona, 1525-1821*, México, Fondo de Cultura Económica, 1988b.

De Vos, Jan, *Viajes al Desierto de la Soledad. Cuando la selva lacandona aún era selva*, México, SEP/CIESAS/Programa Cultural de las Fronteras, 1988c.

——, "Una selva herida de muerte: historia reciente de la selva lacandona", en Miguel Ángel Vázquez y Mario Ramos (comps.), *Reserva de la Biosfera Montes Azules, selva lacandona: investigación para su conservación*, México, Centro de Estudios para la Conservación de los Recursos Naturales A. C.-Ecósfera, 1992, pp. 267-286.

——, "Las fincas huleras en la frontera Chiapas-Tabasco: un experimento capitalista de principios de siglo", México, mecanoscrito, 1994.

Dichtl Sigrid, *Cae una estrella. Desarrollo y destrucción de la selva lacandona*, México, SEP-Frontera/Programa Cultural de las Fronteras, 1988.

Diez Pérez, Fructuoso, *Relaciones interétnicas en el municipio de Ocosingo*, Chiapas, 1978.

Durkheim, Emile, *Las formas elementales de la vida religiosa*, México, Colofón, 1991.

Fábregas Puig, Andrés, *La formación histórica de la Frontera Sur*, México, CIESAS, 1985.

——, *La formación histórica de una región: Los Altos de Jalisco*, México, Cuadernos de la Chata 5-CIESAS, 1986.

——, y Carlos Román, *Frontera Sur, cambio estructural en Chiapas: avances y perspectivas*, Tuxtla Gutiérrez, Universidad Autónoma de Chiapas, 1988.

——, "Introducción", en Antonio Vizcaíno, *La selva lacandona*, México, Nafinsa, 1991.

——, "Las fronteras y la formación de la Nación: Chiapas", en Cecilia Noriega Elio (comp.) *El nacionalismo en México*, Zamora, El Colegio de Michoacán, A. C., 1992.

——, "La frontera sur: un espacio regionalmente diverso", en Jesús Tapia Santamaría (comp.), *Las realidades regionales de la crisis nacional*, Zamora, El Colegio de Michoacán, A. C., 1993.

Fernández Ortiz, Luis María y María Tarrio García, *Ganadería y estructura agraria en Chiapas*, México, Universidad Autónoma Metropolitana-Xochimilco, 1983.

Fideicomiso para la selva lacandona, *Estructura agraria y emigración en Chiapas*, Chiapas, reporte final de actividades del Fideicomiso para la selva lacandona, agosto de 1976-agosto de 1977, 1977.

Flores, Joaquín, "La Unión de Uniones Ejidales y Sociedades Campesinas de Producción de Chiapas", en Sergio Sarmiento, "Las luchas y las organizaciones indígenas en México, 1979-1991", México, IIS-UNAM (inédito).

Fort, Odile, *La colonización ejidal en Quintana Roo (estudio de caso)*, México, Instituto Nacional Indigenista, 1979.

Fortalecimiento Municipal (Fortam), *Ocosingo. Diagnóstico municipal*, Tuxtla Gutiérrez, Plan Chiapas/Comisión de Fortalecimiento Municipal del Gobierno del Estado, 1984a.

————, *Altamirano. Diagnóstico municipal*, Tuxtla Gutiérrez, Plan Chiapas/Comisión de Fortalecimiento Municipal del Gobierno del Estado, 1984b.

————, *Palenque. Diagnóstico municipal*, Tuxtla Gutiérrez, Plan Chiapas/Comisión de Fortalecimiento Municipal del Gobierno del Estado, 1984c.

————, *Las Margaritas. Diagnóstico municipal*, Tuxtla Gutiérrez, Plan Chiapas/Comisión de Fortalecimiento Municipal del Gobierno del Estado, 1984d.

García de León, Antonio, *Resistencia y utopía. Memorial de agravios y crónica de revueltas y profecías acaecidas en la provincia de Chiapas durante los últimos quinientos años de su historia*, México, Ediciones ERA, Colección Problemas de México, 1985.

————, "Aspectos generales de la cuestión agraria en Chiapas", en *Agro*, Boletín de análisis e información agraria, México, IIS-UNAM/CEA, s./f.

Garza Galigaris, Ana María, y María Fernanda Paz Salinas, "Las migraciones: testimonios de una historia viva", en *Anuario*, volumen I, San Cristóbal de Las Casas, Centro de Estudios Indígenas-UNACH, 1986.

Gobierno del Estado de Chiapas, *Diagnóstico socioeconómico de 16 comunidades del municipio de Las Margaritas*, San Cristóbal de Las Casas, Departamento de Ecodesarrollo-Subsecretaría de Asuntos Indígenas, 1984.

————, "Propuesta de plan de manejo para la Reserva Integral de la Biosfera Montes Azules, selva lacandona", Tuxtla Gutiérrez, Equipo Técnico Planificado, mecanoscrito, 1990.

Gómez Hernández, Antonio, y Mario Humberto Ruz (comps.),

Memoria baldía. Los tojolabales y las fincas. Testimonios, Tuxtla Gutiérrez, Universidad Nacional Autónoma de México/Universidad Autónoma de Chiapas, 1992.

González Esponda, Juan, "Movimiento campesino chiapaneco, 1974-1984", tesis de licenciatura en economía, San Cristóbal de Las Casas, Universidad Autónoma de Chiapas, 1989.

González Pacheco, Cuauhtémoc, *Capital extranjero en la selva de Chiapas, 1863-1982*, México, Instituto de Investigaciones Económicas-UNAM, 1983.

González Ponciano, Ramón, "Frontera, ecología y soberanía nacional. La colonización de la franja fronteriza sur de Marqués de Comillas", en *Anuario 1990*, Tuxtla Gutiérrez, Instituto Chiapaneco de Cultura, 1991, pp. 50-83.

González Solano, Patricia, y Carmen Palma, "Nuevos centros de población con grupos étnicos tzeltales y choles en la selva lacandona, municipio de Ocosingo", tesis de licenciatura en trabajo social, México, Centro de Estudios Tecnológicos número 7/SEP, 1977.

Gordillo, Gustavo, *Campesinos al asalto del cielo. De la expropiación estatal a la apropiación campesina*, México, Siglo XXI Editores, 1988a.

————, "El Leviatán rural y la nueva sociabilidad política", en Jorge Zepeda (comp.), *Las sociedades rurales hoy*, Guadalajara, Conacyt-El Colegio de Michoacán A. C., 1988b, pp. 223-254.

Grosser, E. *et al.*, *Problemática y perspectivas de desarrollo en la agricultura migratoria de una subregión de la selva lacandona (México)*, Alemania, Technische Universitat Berlin, 1975.

Grupo de los Cien, "Selva lacandona", en *La Jornada*, núm. 2056, año 5, México, 4 de junio de 1990, p. 7.

Helmsing, Bert, "Colonización agrícola y asentamientos campesinos en zonas fronterizas", en *Revista Interamericana de Planificación*, volumen XVI, número 62, SIAP, junio de 1982, pp. 184-197.

Hernández Castillo, Aída, "Del Tzolkin a la Atalaya: los cambios en la religiosidad en una comunidad Chuj-k'anjobal de Chiapas", en Andrés Fábregas *et al.*, *Religión y sociedad en el sureste de México*, volumen II, México, Cuadernos de la Casa Chata 162-CIESAS sureste, 1989.

Hernández Chávez, Alicia, "La defensa de los finqueros en Chiapas, 1914-1920", en *Historia Mexicana*, 1979, pp. 335-369.

Hernández, Martín, y Genaro Franco, "La producción y comercialización de ganado vacuno del municipio de Palenque, Chiapas, 1980-1990", tesis de licenciatura en economía, Universidad Autónoma de Chiapas, San Cristóbal de Las Casas, 1992.

Hernández Millán, Abelardo, *La dinámica de la población en la selva lacandona*, San Cristóbal de Las Casas, Centro de Investigaciones Ecológicas del Sureste/PISPAL, mecanoscrito, 1978.

Iribarren OP, Pablo, "La inculturación de la Iglesia en la praxis de la comunidad tzeltal", en *Aná Mnesis*, Revista de Teología/Dominicos/México, número 1, enero-junio de 1991, México, 1991*a*.

————, "Ministerios en la Iglesia tzeltal", en *Aná Mnesis*, Revista de Teología/Dominicos/México, número 2, julio-diciembre de 1991, México, 1991*b*.

————, "Evaluación del ministerio del Tuhunel y contexto", Ocosingo, mecanoscrito, 1994.

Kemper, Robert van, "Desarrollo de los estudios antropológicos sobre la migración mexicana", en Susana Glantz, *La heterodoxia recuperada. El homenaje a Ángel Palerm*, México, Fondo de Cultura Económica, 1987, pp. 477-499.

Lameiras, José, *El Tuxpan de Jalisco. Una identidad danzante*, Zamora, El Colegio de Michoacán, 1989.

Leyva Solano, Xóchitl, "Misioneros, catequistas y tradiciones", en Juan Pedro Viqueira y Mario Humberto Ruz (comps.), *Chiapas: los rumbos de otra historia*, México, CIESAS, UNAM y CEMCA (en prensa).

————, "Del *comon* al Leviatán", en *América Indígena*, México, número especial sobre Chiapas (en prensa).

Lobato, Rodolfo, "Invasiones de tierras en la selva lacandona", abril de 1977 (inédito).

————, "Qui'ixin Qu'inal. La colonización tzeltal en la selva lacandona", tesis de licenciatura en antropología, México, Escuela Nacional de Antropología e Historia, 1979.

————, "Estratificación social y destrucción de la selva lacandona en Chiapas (México)", en *Revista Ciencia Forestal*, volumen 5, número 24, México, Instituto Nacional de Investigaciones Forestales, 1980.

————, "Antropología económica de las comunidades mayas de la selva lacandona, Chiapas", en *Investigaciones recientes en el área maya*, memorias de la XVII Mesa Redonda de la Sociedad Mexicana de Antropología (1981), México, 1984, pp. 231-238.

López Daza, Isaac, "Economía y explotación de Tani-Perlas. Comunidad tzeltal de la selva lacandona", tesis de licenciatura en antropología, Facultad de Humanidades, Universidad Veracruzana, serie mimeográfica "Chiapas", número 1, San Cristóbal de Las Casas, INI-CCTT, 1974.

Man, Charles A., *Ocosingo: el pueblo y las fiestas*, San Cristóbal de Las Casas, Biblioteca Fray Bartolomé de Las Casas, 1961.

Manzanilla, S., *La colonización ejidal*, México, Asociación Nacional de Abogados, 1991.

Márquez Rosado, Conrado, "La producción agrícola de la Unión de Uniones Ejidales y sociedades campesinas de producción de Chiapas", Texcoco, tesis de licenciatura en agronomía, Universidad Autónoma de Chapingo, 1988.

Martínez Cerecedo, Rubén, "Migración y cambio social-cultural en Tani-Perlas. Una comunidad tzeltal de la selva lacandona", tesis de licenciatura, Xalapa, Universidad Veracruzana, 1973.

Martínez Lavin, Carlos, "Migración Tojol'ab'al", mecanoscrito, s./f.

Maurer, Eugenio, *Los tzeltales. Paganos o cristianos. Su religión, sincretismo o síntesis*, México, Centro de Estudios Educativos A. C., 1983.

Mauricio Leguízamo, Juan Manuel, *Propuesta para la conservación y desarrollo en la selva lacandona. Reserva de la Biosfera de Montes Azules*, San Cristóbal de Las Casas, Secretaría de Desarrollo Urbano y Ecología/Banco Mundial, 1990.

————, Rubén Valladares y Héctor García, *Lacandonia, una incorporación anárquica al desarrollo nacional*, Tuxtla Gutiérrez, Centro de Investigaciones Ecológicas del Sureste/Partido Revolucionario Institucional-Serie Estudios Regionales 4, 1985.

McQuown, Norman, y Julian Pitt-Rivers (comps.), *Ensayos de antropología en la zona central de Chiapas*, número 7, México, Consejo Nacional para la Cultura y las Artes/Instituto Nacional Indigenista, Colección Presencias, 1989.

Melucci, Alberto, "Sobre la identidad", en *L'invenzione del presente. Movimenti, identitá, bisogni individuali* [trad. de Mónica Mansour], Bolonia, Il Mulino, 1982, pp. 61-72.

Montagú, Roberta, "Autoridad, control y sanción social en las fincas tzeltales", en Norman McQuown y Julian Pitt-Rivers (comps.), *Ensayos de antropología en la zona central de Chiapas*, número 7, México, Consejo Nacional para la Cultura y las Artes/Instituto Nacional Indigenista, Colección Presencias, 1989.

——, "La ranchería de Yocnahab (primer libro de notas)", en Mario Humberto Ruz, *Los legítimos hombres. Aproximación antropológica al grupo tojolabal*, tomo IV, México, Centro de Estudios Mayas, Instituto de Investigaciones Filológicas-UNAM, 1986, pp. 126-222.

Montañez, Pablo, *Lacandonia o la historia trágica de la selva*, México, Talleres de Unión Gráfica, 1963.

——, *Río Grande: la cuenca del Usumacinta*, México, Costa-Amic Editor, 1970.

——, *Jataté-Usumacinta*, México, Costa-Amic Editor, 1971.

——, *La agonía de la selva*, México, Costa-Amic Editor, 1972.

Montemayor, Carlos, *Guerra en el paraíso*, México, Diana, 1991.

Morales Bermúdez, Jesús, *On o t'ian. Antigua palabra. Narrativa indígena ch'ol*, México, Universidad Autónoma Metropolitana-Azcapotzalco, 1984.

——, *Memorial del tiempo o vía de las conversaciones*, México, INBA/SEP/Katún, 1987.

——, *Ceremonial*, México, Gobierno del Estado de Chiapas/Culturas Populares, 1992*a*.

——, "El Congreso Indígena de Chiapas: Un testimonio", en *Anuario 1991*, Tuxtla Gutiérrez, Instituto Chiapaneco de Cultura, 1992*b*, pp. 242-370.

Muench Navarro, Pablo, *et al.*, "Propuesta de planificación del manejo de la Reserva Integral de la Biosfera Montes Azules", Tuxtla Gutiérrez, Instituto de Historia Natural, mecanoscrito, s./f.

——, "Los sistemas de producción agrícola en la región lacandona", tesis de licenciatura en agronomía, Texcoco, Universidad Autónoma de Chapingo, 1978.

——, "Producción agrícola regional y las bases conceptuales para su estudio", en *Revista de Geografía Agrícola*, número 2, Texcoco, Universidad Autónoma de Chapingo, 1982.

——, "Las regiones agrícolas de Chiapas", en *Revista de Geografía Agrícola*, número 2, Texcoco, Universidad Autónoma de Chapingo, enero de 1986.

Müllerried X., F. G., "Una expedición al Desierto de los Lacandones en tierras de Guatemala y Chiapas", en *Futura*, número 1, México, 1933, pp. 15-25.

———, "Contribución a la geología, geografía y arqueología de la selva lacandona (Chiapas y Guatemala)", en *Ciencias*, volumen v (6-8), México, 1944, pp. 159-164.

———, *La geología de Chiapas*, Colección Libros de Chiapas, Serie Básica, Tuxtla Gutiérrez, Ediciones del Gobierno del Estado de Chiapas [1957], 1982.

Muro, Víctor Gabriel, "Grupos cristianos y movimientos campesinos", ponencia presentada en el seminario Los Movimientos Sociales en el Campo. Teoría y Método, iss-unam/Instituto de Investigaciones Humanísticas de la Universidad Veracruzana, Xalapa, 1990.

———, *Iglesia y movimientos sociales*, México, Red Nacional de Investigación Urbana/El Colegio de Michoacán, 1994.

Nations, James, y Ronald Nigh, *Utilidades y ganado versus selva y alimento: la solución lacandona al problema de la destrucción de la selva chiapaneca*, San Cristóbal de Las Casas, inaremac, 1978.

Nelson, M., *El aprovechamiento de las tierras tropicales en América Latina*, México, Siglo XXI Editores, 1977.

Nygren, Anja, *Forest, Power and Development. Costa Rica Peasants in the Changing Environment*, Helsinki, Finnish Anthropological Society, 1995.

Odile Marrión, Marie, *El movimiento campesino en Chiapas, 1983*, México, Centro de Estudios Históricos del Agrarismo en México, 1984.

———, "La tecnología cultural en la etnografía de algunos mayas de la selva", en *Revista Mexicana de Estudios Antropológicos*, tomo xxxiv, número 2, México, 1988, pp. 421-430.

Ortiz Espejel, Benjamín, *Los paisajes agrarios de un territorio en integración: Las Cañadas*, Chiapas, s./f.

Ovalle Muñoz, Pedro de Jesús, "Movimientos campesinos en la zona tzeltal de Chiapas", en *Textual*, año 17, número 5, Texcoco, Universidad Autónoma de Chapingo, 1984.

Palacios, Enrique Juan, *En los confines de la selva lacandona. Exploraciones en el estado de Chiapas, mayo-agosto de 1976*, México, Talleres Gráficos de la Nación, 1928.

Paniagua, Jorge, "Notas sobre vida y economía en una comunidad tojolabal de Los Altos de Altamirano", en *Anuario*, volu-

men I, San Cristóbal de Las Casas, Centro de Estudios Indíge-
nas-Universidad Autónoma de Chiapas, 1986.

Paz Salinas, María Fernanda, "La migración a Las Margaritas. Una
historia a dos voces", tesis de licenciatura en antropología social,
San Cristóbal de Las Casas, Universidad Autónoma de Chiapas,
1989.

————, "Colonización, cultura y medio ambiente en la selva lacandona", ponencia presentada en la XXII Mesa Redonda de la
Sociedad Mexicana de Antropología, Migraciones y Fronteras,
11-16 de agosto de 1991, Tuxtla Gutiérrez, 1991.

————, "Percepciones sociales sobre la deforestación en la selva
lacandona", ponencia presentada en I Coloquio de las Selvas
Tropicales de México, 8-10 de diciembre de 1992, San Cristóbal
de Las Casas, IIA-UNAM/CIHMECH-UNAM/ICHC, 1992.

Pérez-Agote, Alfonso, "La identidad colectiva: una reflexión abierta desde la sociología", en *Revista de Occidente*, número 56, Fundación Ortega y Gasset, Madrid, enero de 1986.

Pérez Castro, Ana Bella, *Entre montañas y cafetales (luchas agrarias
en el norte de Chiapas)*, México, Serie Antropológica 85-Etnolo-
gía, Instituto de Investigaciones Antropológicas-UNAM, 1989.

Petróleos Mexicanos, *Desarrollo y preservación de la selva lacandona (diagnóstico de las áreas con posibilidades de desarrollo petro-
lero)*, México, Informe Ejecutivo/Subdirección de Planeación y
Coordinación de Estructuras de Organización y Desarrollo
Regional, Petróleos Mexicanos, 1986.

Pohlenz, Juan, "El proceso de descampesinización en dos comunidades indígenas de Chiapas: Matzam y Nuevo Jerusalem",
San Cristóbal de Las Casas, Centro de Investigaciones Ecológicas del Sureste, mecanoscrito, 1976.

————, "La conformación de la frontera entre México y Guatemala. El caso de Nuevo Huixtán en la selva chiapaneca", en
Andrés Fábregas, *La formación histórica de la Frontera Sur*, México, Cuadernos de la Casa Chata 124-CIESAS, 1985.

Preciado Llamas, Juan, "Colonización y expansión capitalista: el
caso de Jerusalem en la selva chiapaneca", San Cristóbal de
Las Casas, Centro de Investigaciones Ecológicas del Sureste,
mecanoscrito, 1976.

———— "Una colonia tzeltal en la selva chiapaneca: aspectos
socioeconómicos de su relación con el ecosistema", en Efraín

Hernández Xolocotzin, *Agroecosistemas de México; contribuciones a la enseñanza, investigación y divulgación agrícola*, Texcoco, Universidad Autónoma de Chapingo, 1977.

Preciado Llamas, Juan, "Reflexiones teórico-metodológicas para el estudio de la colonización en Chiapas", en *Economía campesina y capitalismo independiente*, 1978, pp. 45-67.

Rabasa, Manuel, "La política agraria en Chiapas, pioneros y consecuentes", en *Investigaciones recientes en el área maya*, tomo III, XVII Mesa Redonda de la Sociedad Mexicana de Antropología, 17-21 de junio de 1981, San Cristóbal de Las Casas, 1984, pp. 5-16.

Ramírez Sáiz, Juan Manuel, *El movimiento urbano popular en México*, México, Siglo XXI Editores/IIS-UNAM, 1986.

Revel-Mouroz, Jean, *Aprovechamiento y colonización del trópico húmedo mexicano. La vertiente del Golfo y del Caribe*, Madrid, Fondo de Cultura Económica, 1980.

Rubio, Blanca, *Resistencia campesina y explotación rural en México*, México, Ediciones Era, Colección Problemas de México, 1987.

Rubio López, Marín, "Formas de organización campesina y conciencia de clase: El caso de la Unión de Ejidos Quiptic ta Lecubtesel del municipio de Ocosingo, Chiapas", tesis de licenciatura en sociología rural, Texcoco, Universidad Autónoma de Chapingo, 1985.

Ruiz García, Samuel, "Teología de los pobres en San Cristóbal de Las Casas I y II", en *Ámbar*, revista semanal, números 0 y 1, Tuxtla Gutiérrez, octubre-noviembre de 1987.

———, "El compromiso de la Iglesia a veinte años de la reunión de los obispos de Medellín", en *Ámbar*, revista semanal, número 7, Tuxtla Gutiérrez, octubre-noviembre de 1988, pp. 19-21.

Ruz, Mario Humberto, "La agricultura en una comunidad selvática: Santa Margarita Agua Azul", en *Los legítimos hombres. Aproximación antropológica al grupo tojolabal*, tomo II, México, Centro de Estudios Mayas, Instituto de Investigaciones Filológicas-UNAM, 1982, pp. 98-107.

———, "Ecosistema y tradición: notas sobre algunos procesos de cambio en la organización familiar tojolabal", en *Los legítimos hombres. Una aproximación antropológica al grupo tojolabal*, tomo III, México, Centro de Estudios Mayas, Instituto de Investigaciones Filológicas-UNAM, 1983, pp. 45-114.

Ruz, Mario Humberto, "Tributarios y peones, pueblos y estancias en los llanos de Chiapas (siglos XVII y XIX)", ponencia presentada en el II Congreso Internacional de Mayistas, 24-28 de agosto de 1992, Mérida, Centro de Estudios Mayas-IIF-UNAM e Instituto de Cultura de Yucatán-Gobierno del Estado de Yucatán, 1992.

————, y Antonio Gómez, *Memoria baldía. Los tojolabales y las fincas. Testimonios*, México, Centro de Estudios Mayas-IIF-UNAM/Centro de Estudios Indígenas-UNACH, 1992.

Scorza, Manuel, *Redoble por Rancas*, México, volumen 2 de *Obras completas*, Siglo XXI Editores, 1991.

Secretaría de Agricultura y Ganadería, "Estudio del impacto humano y programas de desarrollo rural en la selva lacandona", en *En la selva lacandona, desarrollo silvícola, industrial y rural*, México, Dirección General para el Desarrollo Forestal, Subsecretaría Forestal y de la Fauna, 1975.

Secretaría de Agricultura y Recursos Hidráulicos, *Estudio integral de la selva lacandona*, México, Subdirección de Estudios y Proyectos, s./f.

Skinner, William, "Sistema de mercados y estructura social en China rural", en Enrique Mayer (comp.), *Los campesinos y el mercado*, Lima, Pontificia Universidad Católica del Perú, 1974, pp. 71-142.

Smith, Carol A., "Causes and Consequences of Central-Place Types in Western Guatemala", en Carol A. Smith, *Regional Analysis*, volumen 1, Nueva York, Economics Systems Studies in Anthropology, Academic Press, 1976, pp. 255-302.

Szekely, M., e Iván Restrepo, *Frontera agrícola y colonización*, México, Centro de Ecodesarrollo, 1988.

Thomas, John, y Michael Robbins, "Limitaciones en el crecimiento de un ejido tojolabal", en *Mesoamérica*, cuaderno 5, número 4, Antigua, Guatemala, publicación semestral del Centro de Investigaciones Regionales de Mesoamérica y Plumsock Mesoamerican Studies, 1983.

Valladares, A. R., "Los procesos de producción en la agricultura del trópico. Lacandonia: un análisis regional", tesis de licenciatura en agronomía, Texcoco, Universidad Autónoma de Chapingo, 1980.

Villafuerte, Daniel, y José Luis Pontigo, "Las contradicciones de la expansión ganadera en las fronteras norte y sur de México (estados de Sonora y Chiapas)", en *Estudios Fronterizos*, número 21, enero-abril de 1990, México, revista del Instituto de Investigaciones Sociales, Universidad Autónoma de Baja California, 1990, pp. 113-135.

Viqueira, Juan Pedro, "La comunidad india en México en los estudios antropológicos e históricos", ponencia presentada en el Primer Congreso Internacional "El Mundo Colonial: Una Revisión Histórica", octubre de 1992, Zacatecas, 1992.

Wasserstrom, Roberto, *Clase y sociedad en el centro de Chiapas*, México, Fondo de Cultura Económica, 1989.

Weber, Max, *Economía y sociedad*, México, Fondo de Cultura Económica, 1981.

FUENTES PRIMARIAS

ARIC Unión de Uniones, "Censo de Población y Producción. Datos preliminares. 1990", Ocosingo, mecanoscrito, 1990.

Ascencio Franco, Gabriel, *Diarios de trabajo de campo, 1990-1994*, selva lacandona.

Centro de Investigación sobre Energía y Desarrollo A. C. (CIEDAC), *Conservación y desarrollo sostenido en la selva lacandona. El caso de Las Cañadas, Chiapas*, México, informe técnico preparado para el CIEDAC por un equipo multidisciplinario, 1991.

———, "Diagnóstico de la subregión de Las Cañadas", selva lacandona, mecanoscrito, 1992.

Decreto por el que se declara de interés público el establecimiento de la zona de protección forestal de la cuenca del río Tulijah, así como de la Reserva Integral de la Biosfera Montes Azules, en el área comprendida dentro de los límites que se indican. Presidencia de la República/SARH/SRA/SRF/SEP/Secretaría de Turismo, 8 de diciembre de 1977, *Diario Oficial de la Federación*, México, 12 de enero de 1978.

Diócesis de San Cristóbal de Las Casas, Chiapas, *Documento Auxiliar para una evaluación diocesana*, San Cristóbal de Las Casas, 1979.

Estados Unidos Mexicanos, *Censo de Población, 1921*, Chiapas.

Estamos buscando la libertad. Los tzeltales de la selva anuncian la buena nueva, libro catequístico, parroquia Ocosingo-Altamirano, Ocosingo.

Gobierno del Estado de Chiapas, *Plan y programas de gobierno, 1982-1988*, Tuxtla Gutiérrez, s./f.

Helbig, Carlos, *Chiapas. Geografía de un estado mexicano*, Tuxtla Gutiérrez, serie de mapas editados por el Gobierno del Estado de Chiapas, 1970-1976, 1973.

Instituto Nacional de Investigaciones Forestales, volumen 5, número 24, México, 1980.

Instituto Nacional de Estadística, Geografía e Informática (INEGI), *Cartas topográficas varias*, México, 1982.

————, *XI Censo General de Población y Vivienda*, cifras preliminares, México, 1990.

————, *Atlas ejidal del estado de Chiapas. Encuesta Nacional Agropecuaria Ejidal, 1988*, México, 1991.

————, *Chiapas, XI Censo General de Población y Vivienda 1990*, México, 1991.

Instituto Nacional Indigenista, "Reacomodo de los excedentes de población de Los Altos de Chiapas en Las Margaritas", México, mecanoscrito, 1960.

La construcción de una organización ideológica dirigente proletaria y el momento actual, documento, primera edición, mayo de 1978.

La Línea Proletaria en el movimiento obrero, documento de divulgación.

Leyva Solano, Xochitl, *Diarios de trabajo de campo, 1987, 1990-1995*, selva lacandona.

Línea de Masas, Orientación para que las masas resolvamos proletariamente los problemas económicos, documento, 1976.

————, *El método de pretextos y objetivos en el movimiento obrero*, documento, 1978.

Línea Proletaria, número 1, 5 de junio de 1977, documento de divulgación.

————, número 2, 13 de junio de 1977, documento de divulgación.

————, número 3, 20 de junio de 1977, documento de divulgación.

————, número 4, 29 de agosto de 1977, documento de divulgación.

Misión Ocosingo-Altamirano, "25 años de gracia de la misión Ocosingo-Altamirano. Recuperación del proceso de evangelización del campo y de la ciudad", conclusiones, 2-4 de diciembre, Ocosingo, mecanoscrito, 1988.

Por una Línea de Masas, documento de difusión, México, 1979.
Principales aparatos de una organización proletaria y sus funciones, documento de divulgación, noviembre de 1976.
Principales aparatos y mecanismos políticos e ideológicos de los centros de trabajo, zonas y región, documento de divulgación.
Resolución sobre reconocimiento y titulación en favor del núcleo de población zona lacandona, municipio de Ocosingo, Chiapas, de una superficie de 600 321 hectáreas de terrenos comunales, por el presidente constitucional de los Estados Unidos Mexicanos y el jefe del Departamento de Asuntos Agrarios y Colonización, 26 de noviembre de 1971, *Diario Oficial de la Federación*, México, 6 de marzo de 1972.
Sección de Estadística de la Secretaría General de Gobierno de Chiapas, *Censo y división territorial del estado de Chiapas 1910. Tuxtla Gutiérrez, Chiapas* (elaborado por instrucción de la Dirección de Estadística de la República Mexicana), Tuxtla Gutiérrez, Imprenta del Estado, 1912.
Secretaría de Economía/Dirección General de Estadística, *Séptimo Censo General de Población 1950. Chiapas*, México, 1952.
———, *Tercer Censo Agrícola-Ganadero y Ejidal 1950. Chiapas*, México, 1957.
Secretaría de Industria y Comercio/Dirección General de Estadística, *Octavo Censo General de Población 1960. Estado de Chiapas*, México, 1963.
———, *Noveno Censo General de Población 1970. Estado de Chiapas*, México, 1971.
———, *Quinto Censo Agrícola-Ganadero y Ejidal 1970. Chiapas*, México, 1975.
Secretaría de la Economía Nacional/Dirección General de Estadística, *Quinto Censo de Población 1930. Estado de Chiapas*, México, 1935.
———, *Sexto Censo de Población 1940. Chiapas*, México, 1943.
Secretaría de la Presidencia, *Estudio de gran visión de la selva lacandona, Chiapas*, tomo II: mapas, México, CETENAL, 1974.
Secretaría de la Reforma Agraria (SRA), *Plan de colonización del sureste*, México, 1975.
———, Delegación 07, Chiapas, Unidad de Programación y Evaluación, 1992.
Secretaría de Programación y Presupuesto/Instituto Nacional de

Estadística, Geografía e Informática, *Décimo Censo General de Población y Vivienda 1980. Estado de Chiapas*, México, 1983.

Unidad política/Lucha ideológica, julio de 1978, primera edición, documento.

Unión de Uniones y Grupos Campesinos Solidarios de Chiapas, "Nuestra lucha por la tierra en la selva lacandona. Balance de una acción campesina con apoyo obrero", en *Textual*, sección Documentos del Movimiento Campesino, abril de 1984, Texcoco, Universidad Autónoma de Chapingo, 1984.

ÍNDICE

APÉNDICES

Este libro se terminó de imprimir en julio de 1996 en los talleres de Impresora y Encuadernadora Progreso, S. A. de C. V. (IEPSA), Calz. de San Lorenzo, 244; 09830 México, D. F. En su composición, parada en el Taller de Composición del FCE, se usaron tipos Palatino de 30, 14, 12, 10:12, 9:11 y 8:9 puntos. La edición, de 2 000 ejemplares, estuvo al cuidado de *Manlio Fabio Fonseca Sánchez*.

Grimes, Ronald L. *Símbolo y conquista*.
Guidieri, Remo. *La ruta de los muertos*.
Guiteras Holmes, Calixta. *Los peligros del alma. Visión del mundo de un indio tzotzil*.

Haberland, Wolfgang. *Culturas de la América indígena*.
Hallpike, C. R. *Fundamentos del pensamiento primitivo*.
Hannerz. Vif. *Exploración de la ciudad*.
Herskovits, Melville Jean. *Antropología económica*.
Herskovits, Melville Jean. *El hombre y sus obras*.
Hole, Frank y Robert F. Heizer. *Introducción a la arqueología prehistórica*.

Jensen, Ad. E. *Mito y culto entre los pueblos primitivos*.

Kendall, Carl, Hawkins, John y Bossen Laurel. *La herencia de la conquista*.
Krickeberg, Walter. *Las antiguas culturas mexicanas*.
Krickeberg, Walter. *Etnología de América*.
Krickeberg, Walter. *Mitos y leyendas de los aztecas, incas, mayas y muiscas*.

León-Portilla, Miguel. *Toltecáyotl: aspectos de la cultura náhuatl*.
Lévi-Strauss, Claude. *Mitológicas. I. Lo crudo y lo cocido*.
Lévi-Strauss, Claude. *Mitológicas. II. De la miel a las cenizas*.
Lewis, Oscar. *Antropología de la pobreza*.
Linton, Ralph. *Estudio del hombre*.
Lowie, Robert Harry. *Historia de la etnología*.
Long-Solís, Janet. *Capsicum y cultura. La historia del chilli*.

Mason, J. Alden. *Las antiguas culturas del Perú*.
Messmacher, Miguel y otros. *Dinámica maya*.
Morley, Sylvanus Griswold. *La civilización maya*.
Murdock, George Peter. *Cultura y sociedad*.
Murdock, George Peter. *Nuestros contemporáneos primitivos*.

Nadel, Siegfried Ferdinand. *Fundamentos de antropología social*.

Ortiz, Fernando. *El huracán. Su mitología y sus símbolos*.

Pendlebury, John. *Arqueología de Creta*.
Piggott, Stuart. *Arqueología de la India Prehistórica hasta el año 1000 a.C.*
Piña Chan, Román. *Chichén Itzá*.
Piña Chan, Román. *Historia, arqueología y arte prehispánico*.
Piña Chan, Román. *Quetzalcóatl, serpiente emplumada*.

Rodríguez Vallejo, José. *Ixcátl, el algodón mexicano*.

Sabater Pi., Jorge. *Gorilas y chimpancés del África occidental. Estudio comparativo de su conducta y ecología en libertad*.

Schávelzon, Daniel. *La Pirámide de Cuicuilco. Álbum fotográfico.*
Scheff, Thomas J. *La catarsis en la curación, el rito y el drama.*
Séjourné, Laurette. *Arqueología de Teotihuacán. La cerámica.*
Séjourné, Laurette. *El universo de Quetzalcóatl.*
Seler, Eduard Georg. *Códice Borgia.*
Shapiro, Harry L. *Hombre, cultura y sociedad.*
Smith, Waldemar R. *El sistema de fiestas y el cambio económico.*
Soustelle, Jacques. *El universo de los aztecas.*
Soustelle, Jacques. *La vida cotidiana de los aztecas en vísperas de la conquista.*
Soustelle, Jacques. *Los olmecas.*
Spranz, Bodo. *Los dioses en los códices mexicanos del grupo Borgia.*
Swadesh, Frances Leon. *Los primeros pobladores.*

Thomas, Louis-Vincent. *Antropología de la muerte*
Thompson, J. Eric. S. *Grandeza y decadencia de los mayas.*
Tibón, Gutierre. *El ombligo como centro cósmico.*
Tibón, Gutierre. *La tríade prenatal.*

Vaillant, George C. *La civilización azteca.*
Velázquez Gallardo, Pablo. *Diccionario de la lengua phorhépecha.*
Vermeule, Emily Townsend. *Grecia en la Edad de Bronce.*
Vermeule, Emily Townsend. *La muerte en la poesía y en el arte de Grecia.*
Vogt, Evan Z. *Ofrendas para los dioses.*

Wasson, Robert Gordon. *El hongo maravilloso: teonanácatl. Micolatría en Mesoamérica.*
Wheeler, Mortimer. *Arqueología de campo.*
Whitecotton, Joseph W. *Los zapotecos, príncipes, sacerdotes y campesinos.*